Você pode curar sua vida

Louise L. Hay

Você pode curar sua vida

TRADUÇÃO

Evelyn Kay Massaro

134ª edição

BestSeller

Rio de Janeiro | 2022

CIP-BRASIL. CATALOGAÇÃO NA PUBLICAÇÃO
SINDICATO NACIONAL DOS EDITORES DE LIVROS, RJ

Hay, Louise L., 1926-
H328v Você pode curar sua vida: P/B / Louise L. Hay; tradução
134. ed. Evelyn Kay Massaro. – 134. ed. – Rio de Janeiro: BestSeller, 2022.
il.

Tradução de: You can heal your life
Apêndice
ISBN 978-85-7684-843-1

1. Técnicas de autoajuda. I. Título.

CDD: 158.1
14-08202 CDU: 159.947

Texto revisado segundo o novo Acordo Ortográfico da Língua Portuguesa.

Título original
YOU CAN HEAL YOUR LIFE

Publicado originalmente nos Estados Unidos por
Hay House, Inc., Califórnia, EUA.

Impresso no Brasil

ISBN 978-85-7684-843-1

Que esta oferta o ajude a encontrar o lugar interior
onde se localiza o seu próprio valor, a parte de você que
é puro amor e autoaceitação.

A autora não aconselha a dispensar orientações médicas nem prescreve o uso de qualquer tipo de tratamento sem o aconselhamento de um médico. A autora pretende apenas prestar informações para auxiliar o leitor na sua busca pelo bem-estar.

Agradecimentos

Agradeço com alegria e prazer a:

Meus amigos, clientes e alunos, que tanto me ensinaram e me incentivaram a colocar minhas ideias no papel.

Julie Webster, por me nutrir e me impelir nas etapas iniciais deste livro.

Dave Braun, que tanto me ensinou durante o processo de edição.

Charlie Gehrke, por ajudar tanto na criação do nosso Novo Centro e por me dar o apoio e o tempo para eu me dedicar a este trabalho criativo.

Sumário

PARTE 3
Pondo essas ideias para funcionar

PARTE 4

Sugestões aos meus leitores

Escrevi este livro para compartilhar com vocês, meus leitores, o que sei e ensino. Meu livro *Cure seu corpo* tornou-se amplamente respeitado como uma obra sobre os padrões mentais que criam doenças.

Tenho recebido centenas de cartas pedindo-me mais informações. Muitas pessoas que trabalharam comigo como clientes particulares e também os que participaram dos meus seminários insistiram para que eu encontrasse tempo para escrever este livro.

Eu o concebi sob a forma de sessões, iguais às que vocês teriam se viessem a mim como clientes particulares ou participassem de um de meus seminários.

Fazendo os exercícios de forma progressiva, à medida que vão sendo expostos, quando vocês os terminarem terão começado a modificar suas vidas.

Sugiro que primeiro leiam o livro de uma só vez. Depois, com vagar, leiam-no de novo, só que fazendo cada exercício com toda a atenção. Deem-se tempo para trabalhar com cada um deles.

Se puderem, façam os exercícios com um amigo ou membro da família.

Cada capítulo abre-se com uma afirmação adequada para aquela determinada área de suas vidas. Levem dois ou três dias estudando e trabalhando cada capítulo. Leiam e escrevam muitas vezes a afirmação de abertura.

Os capítulos fecham-se com um tratamento, ou seja, um fluxo de ideias positivas cujo objetivo é modificar a consciência. Releia o tratamento várias vezes por dia.

Eu termino este livro contando-lhes minha própria história. Sei que ela lhes mostrará que não importa de onde viemos, sempre podemos modificar totalmente nossas vidas para melhor.

Saibam também que quando vocês trabalham com essas ideias têm o meu amoroso respaldo.

Parte 1
Introdução

ALGUNS PONTOS DE MINHA FILOSOFIA

Somos todos cem por cento responsáveis
por nossas experiências.

Cada pensamento que temos está criando nosso futuro.

O ponto do poder está sempre no momento presente.

Todos sofrem de culpa e ódio voltados contra si mesmos.

A frase-chave de todos é: "Não sou bom o bastante."

É apenas um pensamento e um pensamento
pode ser modificado.

Ressentimento, crítica e culpa são
os padrões mais prejudiciais.

A liberação do ressentimento pode remover até o câncer.

Quando realmente amamos a nós mesmos,
tudo na vida funciona.

Devemos nos libertar do passado e perdoar a todos.

Devemos estar dispostos a começar a aprender a nos amar.

A autoaprovação e a autoaceitação no agora
são a chave para mudanças positivas.

Cada uma das chamadas "doenças" em nosso
corpo é criada por nós.

Na infinidade da vida onde estou, tudo é perfeito, pleno e completo, e no entanto a vida está sempre mudando. Não existe começo nem fim, somente um constante ciclar e reciclar de substância e experiências. A vida nunca está emperrada, estática ou rançosa, pois cada momento é sempre novo e fresco. Eu sou uno com o Poder que me criou, e esse Poder me deu o poder de criar minhas próprias circunstâncias. Regozijo-me no conhecimento de que eu tenho o poder de minha mente para usar de qualquer forma que eu escolher. Cada momento da vida é um novo ponto de começo à medida que nos afastamos do velho. Este momento é um novo ponto de começo para mim bem aqui e agora mesmo. Tudo está bem no meu mundo.

1

EM QUE ACREDITO

Os portais da sabedoria e do conhecimento estão sempre abertos.

A vida na verdade é muito simples. O que damos, recebemos

O que pensamos sobre nós torna-se verdade para nós. Acredito que todos, inclusive eu mesma, somos cem por cento responsáveis por tudo em nossas vidas, desde o melhor até o pior. Cada pensamento que temos está criando nosso futuro. Cada um de nós cria suas experiências através dos pensamentos e emoções. Os pensamentos que temos e as palavras que falamos criam nossas experiências.

Criamos as situações e depois abrimos mão de nosso poder culpando os outros pela nossa frustração. Nenhuma pessoa, nenhum lugar, nenhuma coisa tem poder sobre nós, pois "nós" somos os únicos pensadores em nossa mente. Criamos nossas experiências, nossa realidade e tudo o que há nela. Quando criamos paz, harmonia e equilíbrio em nossas mentes, os encontramos em nossas vidas.

Qual das seguintes afirmações é mais parecida com você?

"Tem gente querendo me pegar."

"Todos estão sempre dispostos a ajudar."

Cada uma dessas crenças criará experiências diferentes. O que acreditamos sobre nós mesmos e sobre a vida torna-se verdade para nós.

O Universo nos apoia totalmente em cada pensamento que escolhemos ter e acreditar

Colocado de outra forma, nosso subconsciente aceita tudo em que decidimos acreditar. As duas formas de dizer significam que o que acredito sobre mim mesma e sobre a vida torna-se verdade para mim. O que você escolhe pensar sobre si mesmo e sobre a vida torna-se verdade para você. E nossas escolhas sobre o que podemos pensar são ilimitadas.

Sabendo disso, faz sentido escolher "Todos estão sempre dispostos a ajudar", em vez de "Tem gente querendo me pegar".

O poder universal jamais nos julga ou critica

Ele apenas nos aceita dentro do nosso próprio valor e depois reflete nossas crenças em nossas vidas. Se quero acreditar que a vida é solitária e ninguém me ama, isso é o que encontrarei em meu mundo.

Todavia, se estou disposta a abandonar essa crença e afirmar para mim mesma que "O amor está em todos os lugares e eu sou amorosa e digna de amor", mantendo-me firme nessa nova declaração e repetindo-a com frequência, ela se tornará verdade para mim. Então pessoas amorosas entrarão em minha vida, as pessoas que já estão nela se tornarão mais amorosas em relação a mim e eu expressarei amor pelos outros com facilidade.

A maioria de nós tem ideias tolas sobre quem somos e muitas, muitas regras rígidas sobre como a vida deve ser vivida

O objetivo dessa afirmação não é nos condenar, pois cada um de nós está fazendo o melhor possível neste instante. Se soubéssemos, se tivéssemos maior compreensão e percepção, poderíamos agir de modo diferente. Por favor, não se desmereça por estar onde está. O fato de você ter encontrado este livro e me descobrir significa que está pronto para fazer uma nova modificação positiva em sua vida. Agradeça a si mesmo por isso. "Homens não choram!" "Mulheres não sabem lidar com dinheiro!" Que ideias mais limitantes com que conviver.

Quando somos muito pequenos, aprendemos como devemos nos sentir em relação a nós mesmos e sobre a vida através das reações dos adultos à nossa volta

Esse é o modo como aprendemos o que pensar sobre nós mesmos e sobre nosso mundo. Ora, se você viveu com pessoas muito infelizes, medrosas, culpadas ou iradas, aprendeu muitas coisas negativas sobre você e seu mundo.

"Nunca faço nada direito." "É tudo minha culpa." "Se eu ficar com raiva, sou uma pessoa má."

Crenças desse tipo criam uma vida frustrante.

Quando crescemos, temos a tendência de recriar o ambiente emocional do lar onde passamos nossa infância

Isso não é bom ou mau, certo ou errado. É apenas o que conhecemos dentro de nós como "lar". Temos a tendência de recriar nos nossos relacionamentos pessoais os mesmos relacionamentos que tínhamos com nossas mães ou pais, ou com o que existia entre eles. Pense quantas vezes você teve um amante ou chefe "igualzinho" à sua mãe ou seu pai.

Também nos tratamos da forma como nossos pais nos tratavam. Repreendemo-nos e castigamo-nos da mesma maneira. Além disso, nos amamos e nos encorajamos da mesma forma. Pode-se quase ouvir as mesmas palavras quando se presta atenção. Também nos amamos e nos encorajamos da mesma maneira, se fomos amados e encorajados quando crianças.

"Você nunca faz nada direito." "É tudo culpa sua." Quantas vezes você se disse isso?

"Você é maravilhoso." "Eu amo você." Quantas vezes você se diz isso?

Entretanto, eu não culparia nossos pais por isso

Somos todos vítimas de vítimas e de maneira nenhuma eles poderiam ter nos ensinado algo que não conheciam. Se seus pais não soubessem amar a si mesmos, seria impossível ensinarem a você como se amar. Eles fizeram o melhor que podiam com o que lhes foi ensinado quando eram crianças. Se você deseja compreender melhor seus pais, peça-lhes para falar sobre a infância deles. Se você ouvir com compaixão, aprenderá de onde vieram seus medos e padrões rígidos. As pessoas que lhe fizeram "tudo aquilo" estavam tão receosas e assustadas como você está agora.

Acredito que escolhemos nossos pais

Cada um de nós decide encarnar neste planeta em pontos específicos no tempo e no espaço. Escolhemos vir para cá com o intuito de aprender uma lição específica que nos fará avançar no nosso caminho espiritual, na nossa evolução. Escolhemos nosso sexo, etnia, país, e então procuramos o casal especial que refletirá o padrão que estamos trazendo conosco para trabalhar durante esta vida. Então, quando crescemos, geralmente apontamos um dedo acusador para nossos pais e choramingamos: "Vocês me fizeram isso." Porém, na verdade, os escolhemos porque eles eram perfeitos para a tarefa que queríamos executar nesta existência.

Aprendemos nossos sistemas de crenças ainda pequenos e depois vamos pela vida criando experiências que combinem com elas. Olhe para o passado e veja quantas vezes você passou pela mesma experiência. Bem, eu acredito que você criou e recriou essas experiências porque elas refletiam algo em que você acreditava sobre si mesmo. Não importa realmente há quanto tempo temos um problema, o seu tamanho ou o quanto ele é ameaçador.

O ponto do poder está sempre no momento presente

Tudo o que você experimentou em sua vida até este instante foi criado pelos pensamentos e crenças que manteve no passado. Pelos pensamentos e palavras que você usou ontem, na semana passada, no mês passado, no ano passado, há dez, vinte, trinta, quarenta anos ou mais, dependendo da sua idade.

Entretanto, esse é o seu passado e ele já acabou, não pode ser modificado. O importante neste momento é o que você está escolhendo pensar, acreditar e dizer. Esses pensamentos e palavras criarão seu futuro. Seu ponto de poder está formando no presente as experiências de amanhã, da semana que vem, do mês que vem, do ano que vem etc.

Preste atenção no que você está pensando agora. É positivo ou negativo? Você quer que esse pensamento crie seu futuro? Apenas preste atenção e tome consciência dele.

A única coisa com que estamos sempre lidando é um pensamento, e um pensamento pode ser modificado

Não importa qual seja o problema, nossas experiências são tão somente efeitos externos de pensamentos internos. Até mesmo o ódio voltado para si mesmo é um pensamento que você tem sobre si mesmo. Você tem um pensamento que diz: "Sou uma pessoa má." Esse pensamento produz uma emoção e você entra nessa emoção. Todavia, se você não tiver o pensamento, não terá a emoção. E os pensamentos podem ser modificados. Mude o pensamento e a emoção desaparecerá.

Isso é apenas para nos mostrar onde conseguimos muitas de nossas crenças. Porém, não usemos essa informação como uma desculpa para continuarmos imersos em nossa dor. O passado não tem poder sobre nós. Não importa por quanto tempo mantivemos um padrão negativo. O ponto do poder está no momento presente. Que coisa maravilhosa de se compreender! Podemos começar a nos libertar neste instante!

Acredite ou não, escolhemos nossos pensamentos

Podemos habitualmente pensar e repensar a mesma coisa tantas vezes que perdemos a noção de que estamos escolhendo o pensamento. Porém, a escolha original foi mesmo nossa. Podemos nos recusar a pensar certas coisas. Veja quantas vezes você se recusou a pensar algo de positivo sobre você mesmo. Da mesma forma, também poderá se recusar a pensar algo de negativo sobre si mesmo.

Parece-me que todas as pessoas deste planeta que conheço ou com quem trabalhei estão sofrendo de culpa e ódio voltados contra si mesmas em maior ou menor grau. Quanto mais ódio e culpa temos, menos funciona nossa vida. Quanto menos ódio e culpa, melhor nossa vida funciona em todos os níveis.

A crença mais profunda em todos com quem trabalhei é sempre: "Não sou bom o bastante!"

Muitas vezes acrescentamos a isso: "E não faço o bastante" ou "Não mereço". Essas frases soam como você? Está sempre dizendo, deixando implícito ou sentindo que "Você não é bom o bastante"? Mas para quem? E de acordo com os padrões de quem?

Se essa crença for muito forte em seu interior, de que maneira você pode ter criado uma vida alegre, próspera, saudável, cheia de amor? De alguma forma, sua principal crença subconsciente sempre a esteve contradizendo. O fato é que você nunca conseguiu construir direito sua vida, pois algo estava sempre saindo errado em algum lugar.

Vejo que o ressentimento, a crítica, a culpa e o medo causam mais problemas do que qualquer outra coisa

Essas quatro emoções causam os principais problemas em nosso corpo e nossa vida. Essas sensações surgem por culparmos os outros e não assumirmos a responsabilidade pelas nossas experiências. Entenda, se somos todos cem por cento responsáveis por tudo o que existe em nossas vidas, não temos a quem culpar. Seja o que for que esteja acontecendo "lá" é apenas um reflexo dos nossos pensamentos interiores. Não estou defendendo o mau comportamento dos outros, mas são nossas crenças que atraem pessoas que nos tratam assim.

Se você se descobre dizendo: "Todos sempre fazem isso comigo, me criticam, nunca me ajudam, me usam como um capacho, abusam de mim", então esse é o seu padrão. Existe algo em você que atrai pessoas que mostram esse comportamento. Ao deixar de pensar dessa forma, você fará com que elas se afastem e ajam dessa maneira com outra pessoa. Você não as atrairá mais.

A seguir dou alguns resultados de padrões que se manifestam no nível físico: o ressentimento abrigado por longo tempo pode devorar o corpo e se tornar a doença que chamamos de câncer. A crítica como hábito permanente muitas vezes leva ao aparecimento da artrite. A culpa sempre procura punição e a punição cria a dor. (Quando um cliente me procura sentindo muita dor, sei que ele está cheio de culpa.) O medo e a tensão que ele produz podem criar coisas como calvície, úlceras e até mesmo dores nos pés.

Descobri que o perdão e o libertar-se do ressentimento são capazes de dissolver até o câncer. Embora essa afirmação possa parecer simplista, já vi e comprovei isso em meu trabalho.

Podemos mudar nossa atitude em relação ao passado

O passado passou. Não podemos mudá-lo no presente. Todavia, podemos modificar nossos pensamentos sobre o passado. É tolice nos punirmos no presente porque alguém nos magoou no passado distante.

Muitas vezes digo a pessoas que possuem profundos padrões de ressentimento: "Por favor, comece a dissolver o ressentimento agora, enquanto é relativamente fácil. Não espere até estar sob a ameaça do bisturi de um cirurgião ou no seu leito de morte, quando terá de lidar também com o pânico."

Quando estamos em pânico, é muito difícil focalizarmos nossa mente no trabalho de cura. Precisaremos de mais tempo para primeiro dissolver nossos medos.

Se escolhermos acreditar que somos vítimas indefesas e que tudo é inútil, o Universo nos apoiará nessa crença e cairemos ainda mais fundo. É vital que nos libertemos dessas ideias e crenças tolas, fora de moda, negativas, que não nos apoiam e não nos enriquecem. Até mesmo nosso conceito de Deus precisa ser modificado para que tenhamos um Deus por nós, não contra nós.

Para nos libertarmos do passado, devemos estar dispostos a perdoar

Precisamos escolher nos libertar do passado e perdoar a todos, inclusive a nós mesmos. Talvez não saibamos como perdoar e talvez não queiramos perdoar. Porém, o simples fato de dizermos que estamos dispostos a perdoar dá início ao processo de cura. Para nossa própria cura é imperativo que "nós" nos libertemos do passado e perdoemos a todos.

"Eu o perdoo por não ser como eu queria que você fosse. Eu o perdoo e liberto."

Essa afirmação nos liberta.

Todas as doenças têm origem num estado de não perdão

Sempre que estamos doentes, necessitamos procurar dentro de nosso coração para descobrirmos quem precisamos perdoar.

O conhecido livro *Um curso em milagres* diz: "Toda doença tem origem num estado de não perdão" e "Sempre que ficamos doentes, precisamos olhar à nossa volta para vermos a quem precisamos perdoar".

Eu acrescentaria a isso que a pessoa a quem você achará mais difícil perdoar é a da qual você mais precisa se libertar. Perdoar significa soltar, desistir. Não tem nada a ver com desculpar um determinado comportamento. É só deixar toda a coisa ir embora. Não precisamos saber como perdoar. Tudo o que necessitamos fazer é estarmos dispostos a perdoar. O Universo cuidará do "como".

Compreendemos bem demais nossa própria dor. Como é difícil para a maioria de nós compreendermos que eles, sejam lá quem forem que mais precisam de nosso perdão, também estão sofrendo. Precisamos entender que eles estavam fazendo o melhor que podiam com a compreensão, a consciência e o conhecimento que tinham na época.

Quando alguém vem a mim com um problema, não importa qual seja – saúde debilitada, falta de dinheiro, relacionamentos insatisfatórios, criatividade sufocada –, trabalho unicamente numa só coisa, ou seja, em amar o eu.

Aprendi que, quando realmente amamos, aceitamos e aprovamos a nós mesmos exatamente como somos, tudo na vida funciona. É como se pequenos milagres estivessem em todos os cantos. Nossa saúde melhora, atraímos mais dinheiro, nossos relacionamentos tornam-se mais satisfatórios e começamos a nos expressar de forma plena e criativa. Tudo parece acontecer sem nem mesmo tentarmos.

Amar e aprovar a si mesmo, criar um espaço de segurança, confiança, merecimento e aceitação resultará na criação da organização da sua mente, criará relacionamentos mais amorosos em sua vida, atrairá um novo emprego e um lugar melhor para viver, e até permitirá que seu peso corporal se equilibre. Pessoas que amam a si mesmas e aos seus corpos não se prejudicam nem prejudicam os outros.

A autoaprovação e a autoaceitação no aqui e agora são as principais chaves para mudanças positivas em todas as áreas de nossa vida.

O amar a si mesmo, amar o eu, começa com jamais nos criticarmos por nada. A crítica nos tranca dentro do padrão que estamos tentando modificar. A compreensão e os sermos gentis conosco nos ajudam a sair dele. Lembre-se, você esteve se criticando por anos e não deu certo. Tente se aprovar e veja o que acontece.

Na infinidade da vida onde estou, tudo é perfeito, pleno e completo. Acredito num poder muito maior do que eu que flui através de mim cada momento de cada dia. Abro-me à sabedoria interior, sabendo que existe apenas uma Inteligência neste Universo. Desta Inteligência vêm todas as respostas, todas as soluções, todas as curas, todas as novas criações. Confio nesse Poder e Inteligência, sabendo que seja o que for que eu precise saber é revelado a mim e que seja o que for que eu precise vem a mim na hora, no espaço e na sequência certos. Tudo está bem no meu mundo.

Parte 2

Uma sessão com Louise

2

QUAL É O PROBLEMA?

É seguro olhar para dentro.

Meu corpo não funciona

Ele dói, sangra, lateja, purga, vibra, incha, vacila, anda, envelhece, não consegue ver, não consegue ouvir, está apodrecendo etc. Além de tudo o que você possa ter criado. Acho que já ouvi frases desse tipo.

Meus relacionamentos não funcionam

Eles são sufocantes, ausentes, exigentes, não me apoiam, sempre me criticam, não me amam, nunca me deixam a sós, implicam comigo o tempo todo, não querem se importar comigo, me espezinham, jamais me ouvem etc. Além de tudo o que você possa ter criado. Sim, também já ouvi todas essas.

Minhas finanças não funcionam

Elas não existem, raramente estão presentes, nunca há o bastante, são inatingíveis, vão mais rápido do que vêm, não são suficientes para cobrir as despesas, escapam pelos meus dedos etc. Além de tudo o que você possa ter criado. Claro, já ouvi todas elas.

Minha vida não funciona

Nunca consigo fazer o que quero. Não consigo agradar a ninguém. Não sei o que quero fazer. Nunca há tempo suficiente para mim. Minhas necessidades e desejos sempre ficam de fora. Só estou fazendo isso para agradá-los. Não passo de um capacho. Ninguém se importa com o que eu quero fazer. Não tenho talento. Não consigo fazer nada direito. Tudo o que faço é adiar. Nada jamais dá certo para mim etc. Além de tudo o que você possa ter criado para você mesmo. Todas essas frases eu já ouvi e muitas mais.

Sempre que pergunto a um novo cliente o que está acontecendo em sua vida, geralmente ouço uma das respostas acima. Ou talvez várias delas. A pessoa pensa realmente que sabe qual é o problema. Todavia, eu sei que essas queixas não passam de efeitos exteriores de padrões de pensamento internos. Sob eles existe um padrão mais profundo, mais fundamental, que é a base de todos os efeitos externos.

Presto atenção às palavras que as pessoas usam quando respondem a algumas perguntas básicas, como:

O que está acontecendo em sua vida?
Como anda sua saúde?
Como você ganha a vida?
Gosta do seu trabalho?
Como andam suas finanças?
Como é sua vida amorosa?
Como terminou seu último relacionamento?
E o relacionamento antes desse, como terminou?
Faça um resumo breve de sua infância.

Observo as posturas corporais e as expressões faciais, porém, acima de tudo, realmente presto atenção às palavras. Pensamentos e palavras criam nossas experiências futuras. Enquanto os ouço falar, posso realmente compreender por que têm esses problemas específicos. As palavras que emitimos dão indicação de nossos pensamentos interiores. Às vezes, as palavras usadas não combinam com as experiências descritas. Então sei que ou eles não têm consciência do que realmente está acontecendo ou estão mentindo para mim. Qualquer uma dessas alternativas é um ponto de início e nos dá a base da qual podemos começar.

Exercício: Eu deveria

Meu passo seguinte é dar aos meus clientes papel e caneta, e pedir-lhes que escrevam no alto da página:

EU DEVERIA

____

____

____

____

____

Eles terão de escrever cinco ou seis modos de terminar a sentença. Alguns acham difícil começar e outros têm tanto a escrever que encontram dificuldade em parar.

Então peço-lhes que leiam a lista para mim, começando cada sentença com "Eu deveria..." À medida que terminam cada uma, pergunto: "Por quê?"

As respostas são interessantes e reveladoras, como:

> Minha mãe disse que eu deveria.
> Porque tenho medo de não fazê-lo.
> Porque tenho de ser perfeito.
> Bem, todo mundo tem de fazer isso.
> Porque sou preguiçoso demais, baixo demais, alto demais, gordo demais, magro demais, burro demais, feio demais, sem valor demais.

Essas respostas mostram onde eles estão emperrados em suas crenças e que limitações pensam que têm.

Não faço comentários sobre as respostas. Uma vez terminada a lista, converso sobre a palavra *deveria*.

Entenda, creio que a palavra "deveria" é uma das mais prejudiciais que existem em nossa linguagem. Sempre que usamos "deveria" estamos na verdade dizendo "errado". Ou *estamos* errados ou *estávamos* errados ou *estaremos* errados. Penso que não precisamos de mais "errados" em nossa vida. Necessitamos de mais liberdade de escolha. Eu gostaria de pegar a palavra deveria e retirá-la do nosso vocabulário para sempre. Então eu a substituiria pela palavra *poderia*. "*Poderia*" nos dá escolha e com ela jamais estamos errados.

Depois dessa conversa eu peço aos clientes para relerem a lista, só que dessa vez começando cada sentença com: "Se eu quisesse de verdade poderia ....", o que lança uma luz inteiramente nova sobre o assunto.

À medida que eles terminam cada frase, pergunto delicadamente: "E por que você não fez isso?" As respostas, então, são bem diferentes:

> Porque não quero.
> Tenho medo.
> Não sei como.
> Porque não sou bom o bastante etc.

Muitas vezes descubro que eles estiveram se repreendendo por anos a fio por algo que, para começar, jamais quiseram fazer ou então que estiveram se criticando por não fazer alguma coisa quando nunca tiveram ideia de começar. Muitas vezes trata-se de algo que alguém disse que eles deveriam fazer. Quando tomam consciência disso, podem tirar a coisa da "lista deveria". E que grande alívio!

Olhe para todas as pessoas que tentam por anos e anos se forçar a seguir uma carreira da qual nem ao menos gostam só porque seus pais disseram que elas deveriam ser dentistas ou professores. Quantas vezes nos sentimos inferiores porque nos disseram que deveríamos ser mais inteligentes, ricos ou criativos do que algum parente.

O que existe na sua "lista deveria" que poderia ser abandonado com uma sensação de alívio?

Quando meus clientes terminam de trabalhar com essa lista, estão começando a olhar sua vida de um modo novo e diferente. Notam que muitas coisas que achavam que deveriam fazer são coisas que jamais quiseram e só estavam tentando agradar a outras pessoas. Na maioria das vezes isso acontece porque eles têm medo ou pensam que não são bons o bastante.

O problema agora começou a mudar. Comecei o processo de soltar a sensação de "estar errado" porque a pessoa não se adapta a padrões de outros.

Em seguida passo a explicar-lhes minha *filosofia* de vida, que está apresentada no Capítulo 1. Creio que a vida é, na realidade, muito simples. O que damos, recebemos. O Universo apoia plenamente cada pensamento que escolhemos ter e em que escolhemos acreditar. Quando somos pequenos aprendemos como nos sentir sobre nós mesmos e sobre a vida através das reações dos adultos que nos cercam. Sejam quais forem essas crenças, elas serão recriadas como experiências à medida que crescemos. Todavia, estamos apenas lidando com padrões de pensamento, e *o ponto do poder está sempre no presente.* As modificações podem começar neste instante.

Amar o eu

Continuo explicando que não importa quais pareçam ser seus problemas, só existe uma única coisa em que trabalho com todos – o *amor ao eu*. O amor é o remédio milagroso. Amar a si próprio é algo que realiza milagres em nós.

Não estou falando sobre vaidade, arrogância ou convencimento, pois isso não é amor, mas somente medo. Falo sobre termos um grande respeito por nós mesmos e uma gratidão pelo milagre de nosso corpo e nossa mente.

"Amor", para mim, é apreciação a tal ponto que ela enche meu coração ao máximo e extravasa. O amor pode tomar qualquer direção. Posso sentir amor por:

O processo da vida em si.
A alegria de estar viva.
A beleza que vejo.
Outra pessoa.
O conhecimento.
O processo da mente.
Nossos corpos e o modo como funcionam.
Animais, aves, peixes.
A flora em todas as suas formas.
O Universo e o modo como funciona.

O que você pode acrescentar a essa lista?

Vamos dar uma olhada em algumas das formas de não amarmos a nós mesmos:

Censuramo-nos e criticamo-nos de maneira interminável.
Maltratamos nosso corpo com alimentos errados, álcool e drogas.

Escolhemos acreditar que não somos merecedores
de amor.
Temos medo de cobrar um preço razoável pelos nossos
serviços.
Criamos doenças e dor em nosso corpo.
Adiamos fazer coisas que nos beneficiariam.
Vivemos no caos e na desordem.
Criamos dívidas e fardos.
Atraímos amantes e parceiros que nos diminuem.

Quais são algumas das suas próprias formas?

Se de alguma maneira *negamos nosso bem*, trata-se de um ato de não nos amar. Lembro-me de uma cliente que usava óculos. Um dia desprendemos um velho medo de infância. No dia seguinte, ao acordar, ela achou que as lentes de contato a estavam incomodando demais. Tirou-as, olhou à sua volta e descobriu que sua vista estava perfeita.

Todavia, minha cliente passou o dia inteiro dizendo: "Não acredito, não acredito". No dia seguinte voltou a usar lentes. O subconsciente não tem senso de humor. Não conseguiu acreditar que havia criado a visão perfeita.

A *falta de autovalorização* é uma outra expressão do não amar a nós mesmos.

Tom era um artista muito bom e tinha alguns clientes ricos que lhe pediram que decorasse uma ou duas paredes em suas casas. Mesmo assim, ele estava sempre atrasado no pagamento de suas contas, pois seus orçamentos originais nunca eram suficientes para cobrir o tempo envolvido na conclusão do trabalho. Ora, qualquer um que presta um serviço ou cria um produto único pode cobrar o preço que quiser. Pessoas de posses adoram pagar muito pelo que querem, pois isso valoriza mais o objeto em questão. Vamos a mais exemplos:

Nosso parceiro está cansado e mal-humorado. Imaginamos o que *nós* fizemos de errado para causar isso.

Alguém nos convida para sair uma ou duas vezes e depois não telefona mais. Pensamos que deve haver algo de errado em *nós*.

Nosso casamento termina e temos certeza de que *nós* somos um fracasso.

Temos medo de pedir um aumento.

Nosso corpo não parece com que vemos em revistas de moda ou beleza, e nos sentimos inferiores.

Não "fechamos a venda" ou "conseguimos o papel" e ficamos certos de que "não somos bons o bastante".

Temos medo da intimidade ou de deixar alguém se aproximar demais, de modo que procuramos sexo casual.

Não conseguimos tomar decisões porque temos certeza de que elas serão erradas.

Como você expressa *sua* falta de autovalorização?

A perfeição dos bebês

Você era tão perfeito quando era bebezinho. Os bebês não têm de fazer nada para se tornarem perfeitos, eles já são perfeitos e agem como se soubessem disso. Sabem que são o centro do Universo. Não têm medo de pedir o que querem e expressam livremente suas emoções. Qualquer um sabe quando um bebê está bravo, aliás, toda a vizinhança sabe. Também se sabe quando eles estão felizes, pois seus sorrisos são capazes de iluminar um quarto inteiro. Os bebês são cheios de amor.

Crianças muito pequenas morrem se não recebem amor. À medida que envelhecemos, aprendemos a viver sem amor, mas os bebês não suportam isso. Os pequenos também adoram cada parte de seu corpo, amam até as próprias fezes. Eles têm uma coragem incrível.

Você era assim. Nós todos éramos assim. Então começamos a ouvir os adultos à nossa volta que haviam aprendido a ser medrosos e passamos a negar nossa própria magnificência.

Nunca acredito quando os clientes tentam me convencer de como são horríveis ou tão pouco dignos de amor. Meu trabalho é levá-los de volta à época em que sabiam como realmente amar a si mesmos.

Exercício: Espelho

> Peço ao cliente para pegar um espelho pequeno, olhar bem nos olhos, dizer seu nome e depois: "Eu o amo e o aceito exatamente como você é."

Esse exercício é *extremamente* difícil para muitas pessoas. É raro eu obter uma reação tranquila, muito menos um pouco de alegria com essa prática. Alguns choram ou ficam com olhos marejados, outros se enfurecem, outros ainda menosprezam suas feições ou qualidades, uns poucos afirmam que *não conseguem*. Cheguei a ver um homem atirar o espelho para longe e querer fugir. Precisei trabalhar meses seguidos com esse cliente até ele poder começar a relacionar-se consigo mesmo no espelho.

Por muitos anos eu olhei no espelho apenas para criticar o que eu via nele. Hoje, quando me recordo das intermináveis horas que passei acertando as sobrancelhas, tentando me tornar razoavelmente aceitável, acho graça. Lembro-me bem do medo que eu sentia de olhar dentro dos meus olhos.

No meu trabalho, esse exercício me mostra muito. Em menos de uma hora sou capaz de atingir o âmago da questão sob o problema externo. Quando se atua apenas no nível do problema, gastam-se horas intermináveis trabalhando em cada detalhe e, no instante em que tudo parece "arrumado", ele brota num outro lugar qualquer.

O "problema" raramente é o verdadeiro problema

Ela vivia preocupada com sua aparência, em especial com os dentes. Estava sempre trocando de dentista, achando que o último só a fizera parecer pior. Resolveu fazer plástica no nariz, mas o resultado foi ruim. O fato era que cada profissional estava refletindo sua crença de que ela era feia. Seu problema não era a aparência, mas o fato de que estava convencida de que havia algo de errado nela.

Outra mulher tinha um mau hálito terrível e as pessoas achavam desagradável ficar perto dela. Ela estudava para ser ministra de igreja e seu comportamento exterior era pio e espiritual. Todavia, sob ele havia uma furiosa corrente de raiva e inveja que explodia às vezes, quando essa mulher achava que alguém poderia estar ameaçando sua posição. Seus pensamentos mais profundos eram expressos através do hálito, tornando-a ofensiva mesmo quando pretendia ser amorosa. Ninguém a ameaçava senão ela mesma.

Ele tinha apenas 15 anos quando a mãe o trouxe a mim porque o garoto estava com mal de Hodgkin e haviam lhe dado só três meses de vida. A mãe, como seria de esperar, estava histérica e era de difícil trato, mas ele era esperto e inteligente, e queria viver. Estava disposto a fazer tudo o que eu mandasse, inclusive modificar o modo como falava e pensava. Os pais, separados, estavam sempre discutindo, e o garoto na verdade não tinha uma vida doméstica estável. E queria desesperadamente ser ator, e a perseguição da fama e da fortuna era muito maior do que sua capacidade de experimentar a alegria. Pensava que só seria aceitável e digno de valor se tivesse fama. Eu o ensinei a se amar e se aceitar, e ele se curou. Agora está amadurecido e atua com regularidade na Broadway, pois, à medida que foi aprendendo a vivenciar a alegria de ser ele mesmo, abriram-se novos papéis para o seu talento.

O *excesso de peso* é outro bom exemplo de como podemos desperdiçar muita energia tentando corrigir um problema que não é o verdadeiro. As pessoas frequentemente passam anos e anos lutando contra a gordura e continuam com excesso de peso; afirmam que todos os seus problemas acontecem porque elas são gordas. O excesso de peso é só um efeito exterior de um profundo problema interno. Para mim, ele é sempre o medo e uma necessidade de se sentir protegido. Quando nos sentimos amedrontados ou inseguros, ou "não bons o bastante", muitos de nós acumulam gordura para se proteger.

Perder tempo nos menosprezando por sermos gordos demais, sentir culpa a cada garfada que comemos, fazer todas as coisas más que fazemos a nós mesmos quando engordamos, não passa de desperdício de tempo. Daqui a vinte anos estaremos na mesma posição porque não começamos a lidar com o verdadeiro problema por trás da gordura. Só conseguimos nos tornar mais amedrontados e inseguros, e então precisamos de mais peso para proteção.

É por isso que eu me recuso a focalizar a atenção na gordura ou em dietas, pois estas não funcionam. A única dieta que dá certo é a dieta mental, a que evita pensamentos negativos. Costumo dizer aos meus clientes: "Vamos colocar essa questão de lado por algum tempo enquanto trabalhamos em algumas outras coisas."

Muitas vezes eles me dizem que não podem se amar porque são muito gordos ou, como colocou uma moça: "redondos demais". Explico-lhes então que eles são gordos porque não se amam. É impressionante ver como, quando começamos a amar e aprovar a nós mesmos, a gordura excessiva vai desaparecendo de nossos corpos.

É comum alguns clientes ficarem bravos comigo quando lhes explico como é fácil mudar suas vidas, porque têm a impressão de que não estou compreendendo seus problemas. Uma mulher ficou muito nervosa e falou: "Vim aqui para conseguir ajuda no desenvolvimento da minha dissertação, não para aprender a me amar." Todavia, para mim estava claro que seu principal problema era o ódio contra si mesma, que permeava todas as áreas de sua vida, inclusive o escrever a dissertação. Ela não seria bem-sucedida em nada enquanto se sentisse tão sem valor.

Ela recusou-se a me ouvir e saiu aos prantos. Voltou um ano depois com o mesmo problema e muitos outros mais. Algumas pessoas não estão prontas e não temos como avaliar isso. Todos começamos a fazer nossas mudanças na hora, no espaço e na sequência certos para nós. Eu só comecei as minhas depois de completar 40 anos.

O verdadeiro problema

Então me vejo diante de um cliente que acabou de se olhar no inofensivo espelhinho e está todo nervoso. Sorrio com prazer e digo: "Ótimo, agora estamos olhando para o 'verdadeiro problema' e podemos começar a remover aquilo que está realmente atrapalhando seu caminho." Converso mais sobre o amar o eu, sobre como, para mim, amar o eu começa com nunca, jamais, criticarmos a nós mesmos por nada.

Observo o rosto de meus clientes quando lhes pergunto se costumam criticar a si mesmos e suas reações me dizem muito:

> Ora, claro que sim.
> O tempo todo.
> Não tanto quanto costumava fazer.
> Ora, como vou mudar se não me critico?
> Não é o que todos fazem?

A esses últimos, eu respondo: "Não estamos falando sobre todos, estamos falando de você. Por que você se critica? O que há de errado com você?"

Enquanto eles falam vou escrevendo uma lista. O que dizem frequentemente coincide com sua "lista deveria". Acham que são altos demais, baixos demais, gordos demais, magros demais, burros demais, velhos demais, jovens demais, feios demais. (Os mais bonitos em geral respondem isso.) Falam também que são vagarosos demais, apressados demais, preguiçosos demais etc. Note como quase sempre é uma coisa "demais". Finalmente chegamos à frase primária, quando dizem: "Não sou bom o bastante."

Viva! Viva! Finalmente encontramos o âmago da questão. Eles se criticam porque aprenderam a acreditar que "não são bons o bastante". Os clientes se admiram com a rapidez com que chegamos a essa descoberta. Agora não precisamos mais nos preocupar com efeitos colaterais como problemas de saúde, de relacionamento, finanças ou falta de expressão criativa. Podemos dedicar toda a nossa energia na dissolução da causa básica de tudo o que está acontecendo: *não amar a si mesmo!*

Na infinidade da vida onde estou, tudo é perfeito, pleno e completo. Estou sempre Divinamente protegido e guiado. É seguro para mim olhar para o meu interior. É seguro para mim olhar para o passado. É seguro para mim ampliar minha visão da vida. Sou muito mais do que minha personalidade – passada, presente ou futura. Agora escolho me elevar acima de meus problemas de personalidade para reconhecer a magnificência do meu ser. Estou totalmente disposto a aprender a me amar. Tudo está bem no meu mundo.

3

DE ONDE ELE VEM?

O passado não tem poder sobre mim.

Certo, já analisamos muitas coisas e garimpamos até chegar ao que *achávamos* que era o problema. Agora temos de chegar ao que eu acredito ser o verdadeiro problema. Sentimos que *não somos bons o bastante* e existe uma *falta de amor por nós mesmos*. Aprendi, pelo modo como encaro a vida, que, se há algum problema, essa afirmação tem de ser verdade. Portanto, vamos agora analisar de onde veio essa crença.

Como passamos de um bebezinho que conhece a própria perfeição e a perfeição da vida para uma pessoa que tem problemas e se sente sem qualquer valor ou amor? As pessoas que já se amam podem se amar ainda mais.

Pense numa rosa quando ainda é um pequenino botão. Desde que ela se abre em flor, até as últimas pétalas caírem, a rosa é sempre bela, sempre perfeita, sempre em mutação. O mesmo acontece conosco. Somos sempre belos, sempre perfeitos e estamos sempre em mutação. Fazemos o melhor que podemos com a compreensão, consciência e conhecimento que temos. À medida que ganhamos mais compreensão, consciência e conhecimento, modificamos nossas ações.

Faxina mental

Agora chegou a hora de examinarmos um pouco mais nosso passado, de dar uma olhada em algumas crenças que têm nos dirigido.

Algumas pessoas acham essa parte do processo de limpeza muito dolorosa, mas não precisa ser assim. Precisamos olhar para o que existe antes de podermos começar a faxina.

Quando se quer limpar um cômodo completamente, primeiro é necessário pegar e examinar tudo o que existe nele. Algumas coisas serão olhadas com carinho e receberão limpeza e polimento para ganharem uma nova beleza. Outras talvez precisarão de conserto ou restauração, o que poderá ser feito depois, com calma. Outras coisas jamais servirão para nada e deverão ser jogadas fora. Jornais e revistas velhos, pratos descartáveis sujos podem ser postos na lata do lixo sem hesitação. Não é necessário ficar com raiva para se fazer uma boa faxina.

O mesmo acontece quando estamos limpando nossa casa mental. Não é preciso sentir raiva só porque algumas das crenças guardadas nela estão prontas para serem atiradas fora. Livre-se delas com a mesma facilidade com que jogaria restos de comida na lata do lixo depois de uma refeição. Você por acaso cataria no lixo de ontem para fazer o jantar de hoje? Você cata no velho lixo *mental* para criar as experiências de amanhã?

Se um pensamento ou crença não lhe é mais útil, livre-se dele! Não existe nenhuma lei que diga que só porque você um dia acreditou em alguma coisa é obrigado a acreditar nela para sempre.

Assim, vamos dar uma olhada em algumas dessas crenças limitativas e descobrir sua origem:

CRENÇA LIMITATIVA: *Não sou bom o bastante.*
ORIGEM: *Um pai que repetidamente lhe dizia que era burro.*

Ele falou que queria ser um sucesso para o pai poder se orgulhar dele, porém estava assolado pela culpa, que criava ressentimento, e tudo o que conseguia produzir era um fracasso após outro. O pai continuava financiando negócios para ele, porém, um a um eles fracassavam. Ele usava o fracasso para se vingar. Fazia o pai pagar, pagar e pagar. Claro, era ele quem mais saía perdendo.

CRENÇA LIMITATIVA: *Falta de amor por si mesma.*
ORIGEM: *Tentar ganhar a aprovação do pai.*

A última coisa que ela queria era ser como o pai. Os dois não concordavam em nada e estavam sempre discutindo. Ela só queria sua aprovação, mas só conseguia críticas. Seu corpo estava cheio de dores, exatamente iguais às que o pai tinha. Ela não percebia que a raiva estava criando dores nela, como a raiva do pai criava dores nele.

CRENÇA LIMITATIVA: *A vida é cheia de perigos.*
ORIGEM: *Um pai amedrontado.*

Outra cliente encarava a vida como sendo áspera e sombria. Tinha dificuldade em rir e, quando o fazia, ficava com medo de que algo "mau" fosse acontecer. Fora criada com a admoestação: "Não ria ou 'eles' poderão pegá-la."

CRENÇA LIMITATIVA: *Não sou bom o bastante.*
ORIGEM: *Estar abandonado e ignorado.*

Para ele, falar era difícil. O silêncio tornara-se um modo de vida. Ele acabara de se livrar do álcool e das drogas e estava convencido de que era péssimo. Descobri que sua mãe morrera quando ele era muito jovem e que fora criado por uma tia. Essa mulher raramente falava, exceto para dar uma ordem, portanto ele foi criado em silêncio. Até mesmo comia sozinho em silêncio e passava dia após dia no quarto sem fazer barulho. Teve um amante que também era um homem silencioso e os dois passavam a maior parte do tempo sem se falarem. O amante morreu e, mais uma vez, ele ficou sozinho.

Exercício: Mensagens negativas

> O exercício que fazemos em seguida é pegar uma folha grande de papel e escrever uma lista com todas as coisas que seus pais disseram que estavam erradas em você. Quais foram as mensagens negativas que você ouviu? Dê-se tempo suficiente para lembrar o máximo que puder. Meia hora geralmente é o bastante.
>
> O que eles diziam sobre dinheiro? O que diziam sobre seu corpo? O que diziam sobre amor e relacionamentos? O que diziam sobre seus talentos criativos? Quais foram as coisas limitativas ou negativas que lhe disseram?
>
> Se puder, apenas olhe de forma objetiva para essas frases e diga a si mesmo: *Então, foi daí que veio aquela crença.*

Agora peguemos uma nova folha de papel e vamos um pouco mais fundo. Que outras mensagens negativas você ouviu quando criança?

De parentes ______________________________

De professores ____________________________

De amigos _______________________________

De autoridades ____________________________

Da sua igreja _____________________________

Anote todas elas. Leve o tempo que for necessário. Tome consciência das sensações que estão ocorrendo no seu corpo.

O que está escrito nessas duas folhas de papel são os pensamentos que precisam ser removidos de sua consciência. São crenças que o fazem sentir que não é "bom o bastante".

Vendo-se como uma criança

Se eu pegasse uma criança de 3 anos e a colocasse no meio da sala e nós começássemos a gritar com ela, dizendo-lhe que é burra, que nunca fará nada direito, que deve fazer isto ou aquilo, olhar para a bagunça que fez, talvez bater nela algumas vezes, terminaríamos com uma criancinha assustada, sentada docilmente num canto da sala, ou então com uma arrebentando todo o cômodo. Ela agirá de uma dessas duas maneiras e nunca saberemos qual é o seu verdadeiro potencial.

Agora, se pegarmos a mesma criança e lhe dissermos o quanto a amamos, o quanto nos importamos com ela, que adoramos sua aparência e nos orgulhamos da sua esperteza e inteligência, que ficamos encantados com as coisas que faz e que ela pode cometer erros enquanto aprende – que estaremos sempre do seu lado tanto nas horas boas como ruins –, o potencial dessa criança será ilimitado.

Cada um de nós tem uma criança de 3 anos em seu interior e com frequência passamos a maior parte de nossa vida gritando com ela. Depois ficamos imaginando por que nossa vida não funciona.

Se você tivesse um amigo que sempre o criticasse, gostaria de estar com ele? É possível que você tenha sido tratado dessa forma quando criança, e isso é muito triste. No entanto, isso aconteceu muito tempo atrás. Se atualmente você está escolhendo se tratar da mesma forma, então é algo mais triste ainda.

Agora, bem à nossa frente, temos uma lista das mensagens negativas que ouvimos quando crianças. Como essa lista corresponde ao que *você* acredita estar errado com você? São quase as mesmas coisas? Provavelmente sim.

Baseamos nosso roteiro de vida em nossas mensagens de infância. Éramos todos bonzinhos e aceitamos obedientemente o que "eles" nos disseram como sendo verdade. Seria muito fácil só culparmos nossos pais e sermos vítimas pelo resto da vida, mas isso não teria graça nenhuma e com toda a certeza não nos tiraria da encrenca em que nos encontramos agora.

Culpando a família

A culpa é um dos modos mais garantidos de se permanecer *dentro* de um problema. Quando culpamos alguém, estamos abrindo mão de nosso poder. A compreensão nos permite elevarmo-nos acima da questão e assumirmos o controle de nosso futuro.

O passado não pode ser mudado. O futuro é moldado pelo pensamento atual. É imperativo para nossa liberdade entender que nossos pais estavam fazendo o máximo que podiam com a compreensão, consciência e sabedoria que tinham. Sempre que culpamos alguém, não estamos assumindo a responsabilidade por nós mesmos.

Aquelas pessoas que nos fizeram todas aquelas coisas horríveis estavam tão assustadas e amedrontadas como você está agora. Sentiam a mesma impotência que você sente agora. As únicas coisas que podiam ensinar eram as que tinham aprendido.

Quanto você sabe sobre a infância dos seus pais, especialmente antes dos 10 anos de idade deles? Se ainda for possível, descubra mais perguntando-lhes. Se conseguir mais informações sobre a infância de seus pais, você entenderá com mais facilidade por que fizeram o que fizeram. A compreensão resultará em compaixão.

Se você não sabe e não tem como descobrir, tente imaginar como deve ter sido. Que tipo de infância criaria um adulto como aquele?

Você precisa desse conhecimento para sua própria libertação. Você só poderá se libertar depois de libertá-los. Você só poderá se perdoar depois de perdoá-los. Se exigir perfeição deles, exigirá perfeição de si mesmo, o que o tornará infeliz a vida toda.

A escolha dos pais

Concordo com a teoria de que escolhemos nossos pais. As lições que aprendemos parecem combinar perfeitamente com as "fraquezas" dos pais que temos.

Acredito que estamos todos numa viagem interminável através da eternidade. Viemos a este planeta para aprendermos lições especiais necessárias para nossa evolução espiritual. Escolhemos nosso sexo, etnia e país, e em seguida procuramos o casal perfeito para "refletir" nossos padrões.

Nossas visitas a este planeta são como ir a uma escola. Se você quer ser esteticista, você vai fazer um curso de estética. Se você quer ser um mecânico, vai para a escola de mecânica. Se você quer ser um advogado, vai para a faculdade de direito. Os pais que você escolheu nesta vida eram o casal perfeito de "peritos" com o qual você queria aprender.

Quando crescemos, temos a tendência de apontar um dedo acusador para os nossos pais e dizer: "Vocês me fizeram isso!" Porém, eu acredito que nós os escolhemos.

Dando ouvidos a outros

Nossos irmãos e irmãs mais velhos são deuses para nós quando somos pequenos. Se eram infelizes, provavelmente descontaram em nós tanto física como verbalmente. Podem ter dito coisas como:

"Vou contar tudo o que você fez" (instilando culpa).

"Você é pequenininho, não pode fazer isso."

"Você é bobo demais para brincar conosco."

Os professores muitas vezes nos influenciam muito. Quando eu estava no quinto ano, uma professora me disse enfaticamente que eu era alta demais para ser dançarina. Acreditei nela e pus de lado minhas ambições no campo da dança até estar velha demais para começar uma carreira como dançarina.

Você compreendeu que provas e notas eram só para ver o seu nível de conhecimento numa determinada época ou foi daquelas crianças que deixavam medir seu valor?

Nossos primeiros amigos compartilharam sua falta de informação sobre a vida conosco. Nossos coleguinhas podem caçoar de nós e deixar mágoas perenes. Quando eu era criança, sofri muito porque meu sobrenome é Lunney e os meninos me chamavam de "lunática".

Os vizinhos também exercem influência, não só por causa do que dizem, mas porque também nos perguntamos: "O que os vizinhos vão pensar?"

Pense bem nas autoridades que tiveram influência na sua infância.

E, naturalmente, existem as declarações fortes e muito persuasivas dos anúncios na imprensa e televisão. Um excesso de produtos é vendido por nos fazerem sentir que seremos indignos ou errados se não os usarmos.

Todos estamos aqui para transcendermos nossas limitações iniciais, sejam quais tenham sido. Estamos aqui para reconhecer nossa própria magnificência e divindade, não importa o que *eles* nos tenham dito. Você tem *suas* crenças negativas para superar e eu tenho *minhas* crenças negativas para superar.

Na infinidade da vida onde estou, tudo é perfeito, pleno e completo. O passado não tem poder sobre mim porque estou disposto a aprender e mudar. Vejo o passado como necessário para me trazer até onde estou hoje. Estou disposto a começar bem aqui, onde estou agora, a limpar os cômodos de minha casa mental. Sei que não importa onde inicio, de modo que agora começo com os cômodos menores e mais fáceis, e assim verei os resultados rapidamente. Sinto-me emocionado por estar no meio dessa aventura, pois sei que nunca passarei por essa experiência específica de novo. Estou disposto a me libertar. Tudo está bem em meu mundo.

4

É VERDADE?

A verdade é a parte imutável de mim.

A pergunta: "É verdade ou real?" tem duas respostas: "Sim" ou "Não". É verdade se você *acredita* que é verdade. Não é verdade se você *acredita* que não é verdade. O copo tanto pode estar meio cheio ou meio vazio, depende do modo como se olha para ele. Existem de fato bilhões de pensamentos que podemos escolher para pensar.

A maioria de nós escolhe os mesmos tipos de pensamentos que nossos pais costumavam ter, mas não somos obrigados a continuar com isso. Não existe lei que determine que só podemos pensar de uma única forma.

Seja o que for em que acredito, torna-se verdade para mim. Seja o que for em que você acredita, torna-se verdade para você. Nossos pensamentos podem ser completamente diferentes. Nossas vidas e experiências podem ser completamente diferentes.

Examine seus pensamentos

Tudo em que acreditamos torna-se verdade para nós. Se você sofreu um súbito desastre financeiro, é bem possível que em algum nível você acredite que é indigno de ter dinheiro, ou então crê em encargos pesados e dívidas. Pode ser também que acredite que nada de bom pode durar muito, que a vida é sua inimiga ou, como ouço com tanta frequência, "Simplesmente não consigo vencer".

Se você parece incapaz de atrair um relacionamento, pode ser que acredite que "Ninguém me ama", ou "Sou indigno de amor". Talvez tema ser dominado como sua mãe era, ou pode ser que pense: "As pessoas só me magoam."

Se sua saúde é ruim, você pode acreditar que "A doença é comum na minha família" ou que você é uma vítima do clima. A crença pode ser também: "Nasci para sofrer" ou "Sempre tenho alguma coisa".

Você pode também ter uma crença diferente, da qual nem mesmo esteja consciente. A maioria das pessoas não está e só vê as causas externas do acontecimento. Enquanto alguém não lhe mostra a ligação entre as experiências externas e os pensamentos internos, você continua sendo uma vítima da vida.

PROBLEMA	CRENÇA
Desastre financeiro	Não sou digno de ter dinheiro
Falta de amigos	Ninguém me ama
Problemas no trabalho	Não sou bom o bastante
Sempre agradando aos outros	Nunca consigo fazer o que quero

Seja qual for o problema, ele se origina num padrão de pensamento, e *padrões de pensamento podem ser modificados*!

Esses problemas com que lidamos e lutamos em nossa vida podem dar a impressão de serem verdade, podem parecer verdade. No entanto, por mais difícil que seja a questão com que estamos lidando, ela é apenas o resultado externo ou o efeito de um padrão de pensamento interno.

Se você não sabe que pensamentos estão criando seus problemas, encontrou o lugar certo, pois este livro tem o objetivo de ajudá-lo a descobrir. Olhe para os problemas em sua vida. Pergunte-se: *Que tipo de pensamentos estou tendo para criar isto?*

Se você se permitir sentar-se relaxadamente e fazer a si mesmo essa pergunta, sua inteligência interior lhe mostrará a resposta.

Trata-se apenas de uma crença que você aprendeu quando criança

Algumas coisas em que acreditamos são positivas e construtivas. Pensamentos assim são úteis a vida toda, como "Olhe para os dois lados antes de atravessar a rua".

Outros pensamentos são muito úteis no início, mas tornam-se inadequados à medida que vamos ficando mais velhos. "Não confie em estranhos" pode ser um bom conselho para uma criancinha. Todavia, para um adulto, continuar tendo essa crença apenas resultará em isolamento e solidão.

Por que tão raramente nos sentamos e perguntamos a nós mesmos: "Isso é mesmo verdade?" Por exemplo, por que acredito em coisas como: "Tenho dificuldade em aprender?", "Isso é verdade para mim agora?", "De onde veio essa crença?", "Será que ainda acredito nisso porque uma professora do ensino fundamental me disse isso tantas vezes?", "Não seria melhor eu me libertar dessa crença?".

Crenças como "Meninos não choram" e "Meninas não sobem em árvores" criam homens que escondem seus sentimentos e mulheres que têm medo de atividades físicas.

Se quando criança lhe ensinaram que o mundo é um lugar assustador, tudo o que você ouvir que se ajusta a essa crença será aceito como verdade. O mesmo vale para "Não confie em estranhos", "Não saia de casa à noite" ou "Todos querem lhe passar a perna".

Por outro lado, se no começo de nossa vida foi nos ensinado que o mundo é um lugar seguro, nossas crenças serão outras. Podemos facilmente aceitar que o amor está presente em todos os cantos, que as pessoas são afáveis e que sempre teremos o que precisamos.

Se quando criança lhe ensinaram: "É tudo minha culpa", você andará por aí sempre se sentindo culpado, não importa o que aconteça. Sua crença o tornará alguém que está sempre dizendo: "Desculpe-me."

Se quando criança você aprendeu a acreditar "Eu não valho nada", essa crença sempre o manterá no fim da fila, onde quer que esteja. Foi o que aconteceu na minha infância, quando não ganhei nenhum pedaço de bolo. Às vezes, quando outros deixam de notá-lo, você se sente invisível.

As circunstâncias de sua infância o ensinaram a acreditar: "Ninguém me ama"? Então, com toda certeza, você é solitário, suas amizades e relacionamentos têm curta duração.

Sua família o ensinou: "Não há o suficiente." Tenho certeza de que você com frequência sente que a despensa está vazia, consegue ganhar apenas o bastante para sobreviver ou está sempre afundado em dívidas.

Tive um cliente que foi criado num lar onde acreditavam que tudo estava errado e só poderia piorar. Sua maior alegria era jogar tênis, mas um dia ele machucou o joelho. Foi a todos os médicos que conseguiu encontrar, mas o problema só piorava. Finalmente chegou ao ponto em que não pôde mais jogar.

Outro cliente, filho de um pastor de igreja, aprendeu quando criança que todas as outras pessoas tinham preferência, pois a família do pastor sempre deve ser a última atendida. Atualmente esse homem é ótimo em arranjar bons negócios para os seus clientes, mas em geral está cheio de dívidas, com pouco dinheiro no bolso. Sua crença ainda o faz ficar no último lugar da fila.

Se você acredita, parece verdade

Quantas vezes já dissemos: "Eu sou assim mesmo" ou "É, as coisas são assim". Essas frases na realidade estão dizendo que isso é o que *acreditamos* como verdade para nós, e geralmente aquilo em que acreditamos não passa da opinião de outra pessoa que incorporamos no nosso sistema de crenças. Sem dúvida, ajusta-se a todas as outras coisas em que cremos.

Você é uma dessas pessoas que acordam numa manhã, veem que está chovendo e dizem: "Que dia horrível"?

Não é um dia horrível. É apenas um dia molhado. Se usarmos as roupas apropriadas e mudarmos nossa atitude, podemos nos divertir bastante num dia chuvoso. Agora, se nossa crença for a de que dias de chuva são horríveis, sempre receberemos a chuva de mau humor. Lutaremos contra o dia em vez de acompanharmos o fluxo do que está acontecendo no momento.

Não existe "bom" ou "mau" tempo, existe somente o clima e nossas reações individuais a ele.

Se queremos uma vida alegre, precisamos ter pensamentos alegres. Se queremos uma vida próspera, precisamos ter pensamentos de prosperidade. Se queremos uma vida com amor, precisamos ter pensamentos de amor. *Tudo o que enviamos para o exterior, mental ou verbalmente, voltará a nós numa forma igual.*

Cada momento é um novo começo

Repito, *o Ponto do Poder está sempre no momento presente.* Você *nunca* está empacado. Aqui é onde acontecem as mudanças, bem aqui e bem agora em *nossa própria mente*! Não importa há quanto tempo temos um padrão negativo, uma doença, um mau relacionamento, falta de dinheiro ou ódio voltado contra nós mesmos. Podemos começar uma mudança hoje!

Seu problema não precisa mais ser verdade para você. Ele agora pode sumir no nada, de onde veio. E você pode fazer isso.

Lembre-se: *você é a única pessoa que usa a sua mente.* Você é o poder e a autoridade no seu mundo!

Seus pensamentos e crenças do passado criaram este momento e todos os momentos até chegarmos a este. O que você agora está escolhendo pensar, acreditar e dizer criará o momento seguinte, depois o dia seguinte, o mês seguinte e o ano seguinte.

Sim, você, querido! Posso lhe dar os mais maravilhosos conselhos, resultado de anos de experiência. Todavia você pode escolher continuar com os mesmos velhos pensamentos, pode se recusar a mudar e ficar com todos os seus problemas.

Você é o poder em seu mundo! Você terá tudo o que escolher pensar!

Neste instante começa o novo processo. Cada momento é um novo começo e este momento é um novo começo para você bem aqui e bem agora! Não é formidável saber isso? Este momento é o *Ponto do Poder*! Agora, neste instante, é onde se inicia a mudança!

É verdade?

Pare por um instante e capte seu pensamento. Em que está pensando agora? Se é fato que seus pensamentos moldam sua vida, você gostaria que o que está pensando se tornasse verdade? Se for um pensamento de preocupação, raiva, mágoa, vingança ou medo, como acha que ele voltará a você?

Nem sempre é fácil captarmos nossos pensamentos porque eles são muito rápidos. No entanto, podemos agora mesmo começar a prestar atenção ao que dizemos. Se você se ouvir expressando palavras negativas de qualquer tipo, pare no meio da sentença. Reformule-a ou simplesmente a abandone. Você até mesmo poderá dizer a ela: "Fora daqui!"

Imagine-se numa fila de lanchonete ou talvez num bufê de um hotel de luxo, onde em vez de travessas de comida estão expostas travessas de pensamentos. Você poderá escolher qualquer um e todos que deseje. São eles que criarão suas experiências futuras.

Agora, se você escolher pensamentos que criarão problemas e sofrimento, estará cometendo uma tolice. É como escolher alimentos que sempre o fazem se sentir mal. Podemos fazer isso uma ou duas vezes, mas logo que aprendemos que determinada comida prejudica nosso corpo ficamos longe dela. O mesmo deve acontecer com os pensamentos. *Fiquemos longe de pensamentos que criam problemas e sofrimento.*

Um de meus primeiros professores, o Dr. Raymond Charles Barker, repetia com frequência: "Onde existe um problema, não há algo para fazer, há algo para saber."

Nossas mentes criam nosso futuro. Quando temos algo de indesejável em nosso presente, precisamos usar nossas mentes para modificar a situação. E podemos começar neste mesmo segundo.

Meu mais profundo desejo é que o tema "Como seus pensamentos funcionam" fosse ensinado no ensino fundamental. Nunca entendi qual a importância de se mandar crianças decorarem datas de batalhas, o que me parece um desperdício de energia mental. Em lugar disso, deveríamos lhes ensinar assuntos cruciais como: "Como a mente funciona", "Como lidar com dinheiro", "Como investir dinheiro para se obter segurança financeira", "Como ser pais", "Como criar bons relacionamentos" e "Como criar e manter a autoestima e autovalorização".

Será que você pode imaginar como seria toda uma geração de adultos que tivesse recebido esses ensinamentos junto com as matérias do currículo habitual das escolas? Pense como essas verdades se manifestariam. Teríamos pessoas felizes com bom conceito de si mesmas. Teríamos pessoas em confortável situação financeira, capazes de enriquecer a economia do país investindo seu dinheiro de forma sábia e prudente. Teriam bons relacionamentos com todos e se sentiriam bem no papel de pais, prontos a criar outra geração com bom conceito de si mesma. No entanto, dentro de tudo isso, cada pessoa permaneceria um indivíduo único, expressando a própria criatividade.

Não há tempo a perder. Vamos continuar com nosso trabalho.

Na infinidade da vida onde estou, tudo é perfeito, pleno e completo. Não escolho mais acreditar nas velhas carências e limitações. Agora escolho começar a me ver como o Universo me vê, perfeito, pleno e completo. A verdade do meu Ser é que fui criado perfeito, pleno e completo. Eu agora sou perfeito, pleno e completo. Sempre serei perfeito, pleno e completo. Agora escolho viver minha vida a partir dessa compreensão. Estou no lugar certo, na hora certa, fazendo o que é certo. Tudo está bem no meu mundo.

5

O QUE FAZEMOS AGORA?

Vejo meus padrões e opto por fazer mudanças.

Decidir mudar

A essa altura, as pessoas reagem de forma diferente. Uns erguem as mãos em horror diante do que podem chamar de bagunça em suas vidas, outros desistem de tentar lutar. Outros ficam com raiva de si mesmos ou da vida e também desistem.

Desistir significa dizer: "É inútil e impossível fazer mudanças, por isso não adianta tentar." E mais: "Continue do jeito que está. Pelo menos você sabe como lidar com esse sofrimento. Você não gosta dele, mas ele é familiar e você só espera que não vá piorar."

Para mim, a raiva habitual é como ficar sentado num canto com um chapéu de burro na cabeça. Isso lhe parece familiar? Algo acontece e você fica com raiva. Outra coisa acontece e você fica com raiva de novo. Mais uma coisa acontece e você volta a ficar com raiva. Porém, nunca vai além disso.

De que adianta? É uma reação tola desperdiçar energia apenas em ficar com raiva. Também trata-se de uma recusa em ver a vida de uma maneira nova e diferente.

Seria muito mais útil perguntar-se como você está criando tantas situações que o enraivecem.

Em que você está acreditando que causa todas essas frustrações? O que você faz para atrair nos outros a necessidade de irritar você? Por que você acredita que para conseguir o que precisa é necessário ficar nervoso?

Aquilo que você dá retorna para você. Quanto mais se entrega à raiva, mais cria situações que o enraivecem, o que o faz ser como o bobo da classe que fica de castigo num canto com um chapéu de burro na cabeça.

Este parágrafo despertou em você sensações de raiva? Ótimo! Acho que acertou no alvo. Já é algo que você poderia se dispor a mudar.

Tome a decisão de estar "Disposto a Mudar!"

Se você quer mesmo saber o quanto é teimoso, analise a ideia de estar *disposto a mudar.* Todos queremos que nossa vida se modifique, que as situações fiquem melhores e mais fáceis, mas *não queremos* ser obrigados a mudar. Gostaríamos mais que eles mudassem. Mas, para que tudo se modifique, *precisamos mudar por dentro.* Temos de mudar nossa forma de pensar, de falar, de nos expressar. Só então acontecerão as modificações externas.

Esse é o passo seguinte. Já estamos a par do que são os problemas e de onde eles vieram. Agora é a hora de *estarmos dispostos a mudar.*

Sempre tive um traço de teimosia. Mesmo atualmente, quando decido fazer alguma modificação em minha vida, às vezes essa teimosia sobe à superfície e minha resistência em mudar a *minha* forma de pensar é bem forte. Posso temporariamente ficar indignada, enraivecida e distante.

Sim, isso ainda acontece comigo depois de todos esses anos de trabalho. É uma de minhas lições. No entanto, agora, quando isso ocorre, sei que estou atingindo um importante ponto de mutação. Sempre que decido fazer uma mudança em minha vida, deixar ir alguma coisa, preciso mergulhar mais fundo dentro de mim para conseguir.

Cada velha camada deve ser removida para ser substituída por novos pensamentos. Algumas vezes é fácil. Em outras, é como tentar levantar uma rocha com uma pena.

Quanto mais tenazmente me agarro a uma velha crença quando digo que quero fazer uma mudança, mais sei que é importante para mim livrar-me dela. E é só aprendendo essas coisas que posso ensinar aos outros.

Creio que muitos mestres realmente bons não vieram de lares alegres, onde tudo era fácil. Geralmente foram criados num ambiente de dor e sofrimento, e foram removendo as camadas até atingirem o ponto de onde agora podem ensinar os outros a se libertar. Muitos grandes mestres estão continuamente trabalhando para deixar ir embora ainda mais, para remover camadas de limitações cada vez mais profundas. Isso se torna uma ocupação para a vida toda.

A principal diferença entre o modo com que eu costumava trabalhar para me libertar de minhas crenças e o modo como faço agora é que atualmente não tenho de ficar com raiva de mim mesma para agir. Não escolho mais acreditar que sou uma pessoa má só porque descubro algo mais para mudar dentro de mim.

Faxina

O trabalho mental que faço hoje em dia é semelhante a uma faxina na casa. Entro em todos os meus cômodos mentais e examino os pensamentos e crenças dentro deles. Alguns eu amo, por isso dou-lhes brilho e polimento para torná-los mais úteis e belos. Noto que outros precisam de conserto e restauração, e cuido deles da melhor maneira no momento. Outros ainda são como jornais e revistas velhas, ou roupas que não servem mais. Estes eu jogo no lixo e esqueço para sempre.

Não é necessário eu ficar com raiva ou sentir que sou uma pessoa má para fazer isso.

Exercício: Estou disposto a mudar

> Vamos usar a afirmação: "Estou disposto a mudar." Repita com frequência: "Estou disposto a mudar. Estou disposto a mudar." Toque a garganta enquanto diz isso. Esse é o centro energético do corpo onde ocorre a mudança. Tocando a garganta, você está reconhecendo o processo de mudança.
>
> Esteja disposto a permitir que as mudanças aconteçam quando surgirem em sua vida. Tome consciência de que *onde você não quer mudar* é exatamente a área onde mais *necessita* mudar. "Estou disposto a mudar."

A Inteligência Universal está sempre respondendo aos nossos pensamentos e palavras. As coisas definitivamente começarão a mudar à medida que você fizer essas afirmações.

Muitas formas de mudar

Trabalhar com suas ideias não é o único meio de mudar. Existem muitos outros métodos que funcionam igualmente bem. No final do livro eu dou uma lista das muitas maneiras que você poderá usar para melhorar seu processo de crescimento.

Pense em apenas algumas delas no momento. Existe a abordagem espiritual, a abordagem mental e a abordagem física. A cura holística abrange corpo, mente e espírito. Você pode começar em qualquer uma dessas áreas, desde que se proponha a mais cedo ou mais tarde incluir as outras. Alguns começam com a abordagem mental e procuram terapia ou workshops. Outros iniciam o trabalho na área espiritual com meditação ou preces.

Quando você se propõe a fazer uma *faxina em sua casa* não importa realmente por qual cômodo vai começar. Apenas escolha a área que mais o atrai. As outras virão quase por si mesmas.

Pessoas que não se importam com a alimentação e iniciam o trabalho no nível espiritual muitas vezes se veem atraídas pela nutrição balanceada. Encontram um amigo, um livro ou uma aula que fala sobre o assunto, fazendo-os compreender que o que ingerem tem muito a ver com o que sentem e aparentam. O fato é que um nível sempre leva a outro quando existe a disposição de mudar e crescer.

Eu pessoalmente dou poucos conselhos sobre nutrição porque descobri que os vários sistemas não são bons para todos os indivíduos. Todavia, tenho uma lista de bons profissionais no campo da holística e envio clientes a eles quando vejo a necessidade de conhecimento nutricional. Essa é uma área em que cada um deve encontrar o próprio modo ou procurar um especialista que o submeta a testes específicos.

Muitos dos livros sobre nutrição adequada foram escritos por pessoas que estavam doentes e inventaram um sistema que as curou. Sua intenção é ensinar a outros os métodos que usaram. No entanto, cada pessoa é única.

Por exemplo, a dieta macrobiótica e a do crudivorismo são duas abordagens nutricionais completamente diferentes. Os crudívoros nunca cozinham nada, raramente comem pão ou cereais e tomam o maior cuidado para não comer frutas e verduras na mesma refeição. Além disso, jamais usam sal. Os macrobióticos cozinham praticamente toda a sua comida, têm um sistema diferente de combinação de alimentos e usam muito sal. Essas duas dietas funcionam. Essas duas dietas já curaram organismos. Todavia, nenhuma das duas é boa para todo mundo.

Minha abordagem nutricional é simples. Se cresce, coma. Se não cresce, não coma.

Tome consciência do que você come. É como prestar atenção aos pensamentos. Também podemos aprender a prestar atenção ao nosso corpo e aos sinais que surgem quando comemos de formas diferentes.

Limpar a casa mental depois de uma vida inteira se entregando a pensamentos negativos é semelhante a entrar numa boa dieta depois de uma vida inteira ingerindo a comida errada. Tanto uma como outra podem criar crises antes de surgir a cura.

Quando muda a dieta física, o corpo começa a atirar fora todos os resíduos tóxicos acumulados e geralmente a pessoa se sente muito mal por alguns dias. O mesmo acontece quando se toma a decisão de modificar os padrões de pensamento. A situação pode parecer pior por algum tempo.

Lembre-se por um instante do fim de um jantar de Natal. Tudo já foi comido e chegou a hora de limpar a fôrma onde foi assado o peru. Ela está toda queimada, engordurada e com crostas, então colocamos água e detergente dentro dela e a deixamos de molho por algum tempo. Então começamos a raspar a forma. Agora é que está *mesmo* uma sujeira. Parece pior do que antes. Porém, se começarmos a arear com vontade, logo teremos uma fôrma tão limpa como se fosse nova.

O mesmo acontece quando se trata de limpar um padrão mental seco e encrostado. Quando o deixamos de molho, coberto de boas ideias, a sujeira acaba subindo à superfície. Usando mais novas afirmações, logo estaremos limpos de qualquer velha limitação.

Exercício: Querendo mudar

Então decidimos que estamos querendo mudar e usaremos todos os métodos existentes que possam funcionar para nós. Deixe-me descrever um dos que eu uso comigo mesma e com outros.

Primeiro: olhe num espelho e diga a si mesmo: "Estou querendo mudar."

Note como você se sente. Se estiver hesitante, resistindo ou simplesmente acha que não quer mudar, pergunte-se por quê, a que velha crença está se agarrando? Por favor, não se repreenda, só perceba qual é ela. Aposto que essa crença tem lhe causado um bocado de encrencas. De onde será que veio? Você sabe?

Quer saibamos ou não de onde veio, vamos fazer algo para dissolvê-la agora mesmo. Volte para o espelho e, olhando bem no fundo de seus olhos, diga em voz alta, dez vezes: "Quero que toda a resistência se vá."

O trabalho com o espelho é muito poderoso. Quando crianças, recebemos a maioria das mensagens negativas de pessoas que nos olhavam bem nos olhos, talvez brandindo um dedo para nós. Hoje, quando a maioria de nós se olha no espelho diz algo negativo, quer criticando a aparência ou menosprezando alguma atitude. Olhar-se bem nos olhos e fazer uma declaração positiva sobre si mesmo é, na minha opinião, o modo mais rápido de se conseguir bons resultados com afirmações.

Na infinidade da vida onde estou, tudo é perfeito, pleno e completo. Agora escolho com calma e objetividade ver meus velhos padrões e estou disposto a fazer mudanças. Sou receptivo, posso aprender. Estou querendo mudar. Escolho me divertir enquanto faço isso. Escolho reagir como se eu tivesse encontrado um tesouro quando descubro algo mais para soltar. Vejo-me e sinto-me mudando momento a momento. Os pensamentos não têm mais poder sobre mim. Sou o poder do meu mundo. Opto por estar livre. Tudo está bem no meu mundo.

6

RESISTÊNCIA À MUDANÇA

Estou no ritmo e fluxo da vida
sempre em mutação.

A percepção é o primeiro passo na cura ou mudança

Quando temos algum padrão profundamente inserido em nós, primeiro precisamos percebê-lo para então curarmos essa condição. Poderemos talvez começar mencionando o problema, queixando-nos dele ou vendo-o em outras pessoas. De alguma forma, ele sobe à superfície de nossa atenção e passaremos a nos relacionar com ele. Muitas vezes atraímos um professor, um amigo, uma aula ou seminário, ou um livro que nos desperta para novos meios de se abordar a dissolução do problema.

Meu despertar começou com uma observação ocasional de uma amiga que fora informada a respeito de uma determinada reunião. Ela não se interessou, mas algo dentro de mim reagiu e eu fui. Essa primeira reunião foi o primeiro passo no meu caminho de descoberta, mas só vim a reconhecer seu significado algum tempo depois.

Frequentemente nossa reação a essa primeira etapa é pensar que a abordagem é tola ou não faz nenhum sentido. É possível que pareça fácil demais ou inaceitável para nosso modo de pensar. Não queremos usá-la. Nossa resistência fica muito forte. Podemos até sentir raiva da ideia de aceitar essa abordagem.

Uma reação desse tipo é muito boa, desde que consigamos entender que esse é o primeiro passo no processo de cura.

Costumo dizer às pessoas que qualquer reação que tenham está ali para lhes mostrar que já se encontram no processo de cura, mesmo que a cura total ainda esteja um tanto distante. A verdade é que o processo se inicia no instante em que começamos a pensar em fazer alguma mudança.

A impaciência é outra forma de resistência, ou seja, a resistência em aprender e mudar. Quando exigimos que tudo seja feito agora mesmo, terminado imediatamente, não nos damos tempo para aprender a lição relacionada com o problema que criamos.

Se você quer passar de um cômodo para outro, precisa se levantar e ir até lá, passo a passo. Permanecer sentado na poltrona e exigir de si mesmo estar num outro cômodo não adiantará. O mesmo acontece com nossos problemas. Queremos vê-los resolvidos, mas não queremos fazer as pequenas coisas que somadas levarão à solução.

Agora é a hora de reconhecermos nossa responsabilidade na criação da situação ou condição. Não estou falando em sentir culpa ou sobre você ser "mau" por estar onde está. Quero que você reconheça o "poder no seu interior" que transforma cada pensamento em experiência. No passado, sem sabermos, usamos esse poder para criar coisas que não queríamos experimentar.

Não tínhamos consciência do que estávamos fazendo. Agora, reconhecendo nossa responsabilidade, podemos nos tornar conscientes e usar esse poder para trazer coisas positivas em nosso benefício.

Muitas vezes, quando sugiro uma solução ao cliente – uma nova maneira de abordar um tema ou perdoar a pessoa envolvida –, vejo seu queixo ficar rígido, os braços se cruzam sobre o peito. As mãos até se fecham. A resistência está emergindo e então sei que atingimos exatamente o que precisa ser mudado.

Todos temos lições a aprender. O que nos parece mais difícil em nossa vida são apenas as lições que escolhemos para nós mesmos. Se tudo nos é fácil, então não existem lições, só coisas que já sabemos.

As lições podem ser aprendidas através da percepção

Se você pensa na coisa mais difícil que tem a fazer e no quanto resiste a isso, então está olhando para sua maior lição no presente momento. O entregar-se, desistir da resistência, permitir-se aprender o que precisa tornará o passo seguinte mais fácil. Não deixe sua resistência impedi-lo de fazer mudanças. Podemos trabalhar em dois níveis: 1) encarar a resistência e 2) insistir nas mudanças mentais. Observe-se, analise o modo como resiste e depois continue em frente, apesar de tudo.

Pistas não verbais

Nossas ações frequentemente mostram nossa resistência. Por exemplo:

Mudar de assunto.
Sair da sala.
Ir ao banheiro.
Chegar atrasado.
Ficar doente.
Adiar.
Fazendo qualquer outra coisa.
Ocupando-se.
Desperdiçando tempo.
Desviar o olhar ou olhar pela janela.
Folhear uma revista.
Recusar-se a prestar atenção.
Comer, beber ou fumar.
Criar ou terminar um relacionamento.
Criar defeitos em carros, eletrodomésticos, encanamentos etc.

Hipóteses

Muitas vezes formulamos hipóteses sobre nós e outros para justificar nossa resistência e surgimos com declarações como:

Não adiantaria nada.
Meu marido/mulher não iria compreender.

Eu teria de mudar toda a minha personalidade.
Só gente louca vai a terapeutas.
Eles não conseguiriam me ajudar com meu problema.
Eles não saberiam lidar com minha raiva.
Meu caso é diferente.
Não quero incomodar ninguém.
Vai passar.
Ninguém consegue.

Crenças

Crescemos com crenças que se tornam nossa resistência às mudanças. Algumas de nossas ideias limitativas são:

Não se faz isso.
Não é direito.
Não é certo para mim fazer isso.
Isso não seria espiritual.
Pessoas espiritualizadas não ficam com raiva.
Homens/mulheres não fazem isso.
Minha família nunca fez nada parecido.
O amor não é para mim.
Isso é bobo demais.
É longe demais para ir de carro.
É trabalho demais para mim.
É caro demais.
Vai demorar demais.
Não acredito nisso.
Não sou desse tipo de gente.

Eles

Damos nosso poder a outros e usamos essa desculpa para nossa resistência em mudar. Temos ideias como:

> Deus não aprova.
> Estou esperando que os astros digam que é a hora certa.
> Este não é o ambiente adequado.
> Eles não me deixarão mudar.
> Eu não tenho o professor/livro/aula/ferramenta certo.
> Meu médico não quer.
> Não consigo tirar algumas horas de folga.
> Não quero ficar submetido a eles.
> É tudo culpa deles.
> Eles têm de mudar primeiro.
> Assim que eu conseguir, vou fazê-lo.
> Você/eles não entendem.
> Não quero magoá-los.
> É contra minha criação, religião, filosofia.

Conceitos sobre o eu

Temos ideias sobre nós mesmos que usamos como limitações ou resistência a mudanças. Somos:

> Velhos demais.
> Jovens demais.
> Altos demais.
> Baixos demais.

Gordos demais.
Magros demais.
Preguiçosos demais.
Fortes demais.
Fracos demais.
Burros demais.
Inteligentes demais.
Pobres demais.
Indignos demais.
Frívolos demais.
Sérios demais.
Emperrados demais.
Talvez tudo simplesmente seja demais.

Táticas de procrastinação

Nossa resistência muitas vezes se expressa como táticas de procrastinação. Usamos desculpas como:

Farei mais tarde.
Não posso pensar nisso agora.
Não tenho tempo agora.
Eu teria de ficar muito tempo afastado do meu trabalho.
Sim, é uma boa ideia. Farei isso um dia desses.
Tenho muitas outras coisas a fazer.
Pensarei nisso amanhã.
Assim que eu terminar com...
Assim que eu voltar de viagem.

A hora não é certa.
É tarde demais ou cedo demais.

Negação

Essa forma de resistência aparece na negação da necessidade de mudar. São coisas como:

Não há nada de errado comigo.
Não consigo fazer nada a respeito deste problema.
Deu tudo certo antes.
De que adiantaria mudar?
Se eu o ignorar, talvez o problema desapareça.

Medo

De longe, a maior categoria de resistência é o medo – medo do desconhecido. Ouçam estas:

Ainda não estou pronto.
Posso falhar.
Eles poderão me rejeitar.
O que os vizinhos vão pensar?
Não quero piorar tudo.
Estou com medo de contar ao meu marido/mulher.
Não sei o bastante.
Poderei me magoar.
Posso precisar mudar demais.

Talvez fique muito caro.
Prefiro morrer a me divorciar.
Não quero que ninguém saiba que tenho um problema.
Tenho medo de expressar meus sentimentos.
Não quero conversar sobre isso.
Não tenho a energia necessária.
Quem sabe onde irei terminar?
Posso perder minha liberdade.
É difícil demais.
Não tenho dinheiro agora.
Posso machucar minhas costas.
Eu não seria perfeito.
Eu poderia perder meus amigos.
Não confio em ninguém.
Isso poderia prejudicar minha imagem.
Não sou bom o bastante.

E a lista continua, interminável. Você reconheceu algumas dessas formas como as que *você* usa para resistir? Procure a resistência nos seguintes exemplos:

Uma cliente veio me procurar porque sentia muitas dores. Havia fraturado as costelas, o pescoço e o joelho em três acidentes de automóvel diferentes. Chegou atrasada para a consulta porque se perdeu, ficou presa num congestionamento.

Foi fácil para ela me contar todos os seu problemas, mas no instante em que eu disse "Vamos conversar um pouco", todos os tipos de interrupção começaram a acontecer. Suas lentes de contato passaram a incomodá-la. Ela quis sentar-se numa outra poltrona. Precisou ir ao banheiro. Depois as lentes tiveram de ser retiradas. Não consegui prender sua atenção pelo restante da sessão.

Foi tudo resistência. Minha cliente ainda não estava pronta para liberar tudo e se curar. Descobri que sua irmã também havia fraturado as costelas duas vezes e que o mesmo acontecera com sua mãe.

Outro cliente meu era ator, um mímico, artista de rua, com grande talento. Vangloriava-se da sua esperteza em enganar os outros, especialmente instituições. Sabia como se safar de quase tudo, no entanto não lucrava nada com isso. Estava sempre sem dinheiro, pelo menos com um mês de aluguel atrasado e sem telefone por falta de pagamento. Suas roupas eram puídas, o trabalho, esporádico, tinha todos os tipos de dores no corpo e sua vida amorosa era uma droga.

A teoria desse meu cliente era a de que ele só poderia parar de trapacear quando algo de bom surgisse em sua vida. Claro, com isso nada de bom podia entrar em sua vida. Ele precisaria primeiro deixar de ser desonesto.

Sua resistência era o fato de não estar pronto para abandonar seus velhos hábitos.

Deixe seus amigos em paz

Muitas vezes, em vez de trabalharmos em nossas mudanças, decidimos que um determinado amigo precisa mudar. Isso também é resistência.

Quando iniciei minhas atividades como terapeuta, tive uma cliente que me mandava a todas as suas amigas que estavam internadas em hospitais. Em lugar de enviar-lhes flores, essa mulher convocava a mim para resolver os problemas dos doentes. Eu chegava de gravador na mão e em geral encontrava alguém que não sabia por que eu estava ali nem compreendia o que eu fazia. Isso foi antes de eu aprender a nunca trabalhar com ninguém a não ser que a pessoa peça.

Às vezes algumas pessoas me procuram porque ganharam uma sessão comigo de presente de um amigo. Isso geralmente não funciona muito bem e é raro elas voltarem para continuarmos com o trabalho.

Quando algo dá certo para nós, geralmente queremos compartilhá-lo com outros, mas talvez eles não estejam prontos para fazer uma mudança naquele ponto do tempo e do espaço. Já é difícil mudar quando queremos, e tentar fazer alguém mudar quando não quer é simplesmente impossível e pode estragar uma boa amizade. Eu forço meus clientes porque eles me procuram. Quanto aos meus amigos, deixo-os em paz.

Trabalho com o espelho

Os espelhos refletem nossas sensações sobre nós mesmos, mostram-nos com clareza que áreas precisam ser modificadas se quisermos uma vida plena e alegre.

Peço às pessoas para olharem dentro de seus olhos e dizerem algo de positivo para elas mesmas sempre que passarem por um espelho. O modo mais poderoso de se fazer afirmações é olhando no espelho e falando-as em voz alta. Há uma percepção imediata da resistência e assim pode-se superá-la mais rapidamente. É bom você ter um espelho à mão enquanto lê este livro. Use-o com frequência para repetir as afirmações e para verificar onde você está resistindo e onde está aberto, deixando-se fluir.

Agora olhe para o espelho e diga a si mesmo: "Estou disposto a mudar."

Note como se sente. Se estiver hesitante, resistente ou simplesmente não quiser mudar, pergunte-se por quê. A que velha crença você está se agarrando? Lembre-se, não é hora de se censurar. Só preste atenção ao que está acontecendo e que crença sobe à superfície. Essa é a que tem lhe causado tantas complicações. Será que você pode reconhecer de onde ela veio?

Quando fazemos afirmações e elas não soam bem ou nada parece acontecer, é fácil dizer: "Afirmações não funcionam." Não é que elas não funcionem. O fato é que precisamos de mais uma etapa antes de começarmos a fazê-las.

Padrões repetidos mostram nossas necessidades

Para cada hábito que temos, para cada experiência por que passamos, para cada padrão que repetimos, existe uma *necessidade interior*. A necessidade corresponde a uma crença que temos. Se não existisse uma necessidade, não teríamos o hábito, a experiência e o padrão. Há algo dentro de nós que precisa da gordura, dos maus relacionamentos, dos fracassos, da raiva, dos cigarros, da pobreza, dos maus-tratos, seja o que for que represente um problema para nós.

Quantas vezes já dissemos: "Nunca mais farei isso!" Então, antes de o dia terminar, comemos o bolo, fumamos os cigarros, dizemos coisas horríveis aos que amamos etc. Então aumentamos ainda mais o problema afirmando a nós mesmos: "Você não tem força de vontade, não tem disciplina. Você é fraco demais." Isso só aumenta a carga de culpa que já carregamos.

Não tem nada a ver com força de vontade ou disciplina

Seja do que for que estejamos tentando nos livrar, trata-se apenas de um sintoma, de um efeito externo. Tentar eliminar o sintoma sem trabalhar na dissolução da causa é inútil. No instante em que relaxamos nossa força de vontade ou disciplina, o sintoma brota de novo.

A disposição de se libertar da necessidade

Costumo dizer aos meus clientes: "Deve haver uma necessidade em você colocar essa condição, senão você não a teria. Vamos dar um passo atrás e trabalhar na *disposição de se libertar da necessidade*. Quando a necessidade desaparecer, você não terá desejo de fumar, comer demais ou repetir qualquer outro padrão negativo."

Uma das primeiras afirmações que devem ser usadas é: "Estou disposto a me libertar da *necessidade* de resistência/ dor de cabeça/ gordura/ falta de dinheiro/ etc." Diga a si mesmo: "Estou disposto a me libertar da necessidade de..." Se estiver resistindo a essa altura, suas outras afirmações não vão funcionar.

As teias que criamos em torno de nós têm de ser desmanchadas. Se você já embaraçou um novelo de linha, sabe que puxar e arrancar só piora a situação. É preciso desatar nós com paciência e jeito. Seja gentil e paciente com *você mesmo* enquanto desfaz seus embaraços mentais. Procure ajuda se achar necessário mas, acima de tudo, ame-se a si mesmo durante o processo. A *disposição* de se libertar do velho é a chave. Esse é o segredo.

Quando falo "necessitar do problema", quero dizer que, de acordo com nosso conjunto particular de padrões de pensamento, "necessitamos" ter certos efeitos ou experiências externos. Cada efeito externo é a expressão natural de um padrão de pensamento interno. Lutar apenas contra o efeito ou sintoma é desperdiçar energia e com frequência só serve para aumentar o problema.

"Eu sou indigno" cria a procrastinação

Se um dos meus sistemas de crença interiores ou padrões de pensamento é "Eu sou indigno", um de meus efeitos externos provavelmente será a procrastinação. Afinal, ela é um dos modos de nos impedir de irmos para onde queremos. A maioria das pessoas que vivem adiando as coisas gastará muito mais tempo e energia menosprezando-se pela procrastinação. Essas pessoas se rotularão de preguiçosas e em geral se farão sentir como se fossem "más".

Ressentimento pelo que acontece de bom com os outros

Tive um cliente que adorava ser o centro das atenções e comumente chegava à aula atrasado para poder criar uma comoção. Ele fora o caçula de uma família com 18 filhos e, como seria de esperar, era o último na lista de ganhar coisas. Quando criança viu todos terem, enquanto ele só sonhava. Já adulto, quando sabia que alguém fora contemplado pela sorte, não conseguia regozijar-se com ele. Só dizia: "Puxa, gostaria de ter ganhado isso" ou "Droga, por que isso nunca acontece comigo?"

O ressentimento pelo que acontecia de bom aos outros era uma barreira para o seu próprio crescimento e mudança.

A autovalorização abre muitas portas

Uma senhora de 79 anos veio me procurar. Era professora de canto e vários de seus alunos estavam fazendo comerciais para a televisão. Ela gostaria de fazê-los também, mas tinha medo.

Apoiei-a plenamente e expliquei: "Não existe ninguém como você. Seja você mesma." E acrescentei: "Faça-o pela diversão. Existem pessoas lá fora procurando exatamente o que você tem a oferecer. Deixe-as saber que você existe."

Minha cliente ligou para vários agentes e diretores de elenco, falando: "Sou uma senhora muito, muito idosa e quero fazer comerciais." Em pouco tempo recebeu um convite para trabalhar e desde então nunca parou. Costumo vê-la na televisão e em anúncios de revistas. Novas carreiras podem começar em qualquer idade, em especial quando alguém está procurando diversão.

Autocriticar-se é errar completamente o alvo

A autocrítica só intensificará o adiamento e a preguiça. A energia mental deve ser aplicada na dissolução do velho e na criação de novos padrões de pensamento. Diga: Estou disposto a deixar sair a necessidade de ser indigno. Sou digno do melhor que existe na vida e agora, cheio de amor, permito-me aceitá-lo.

Enquanto eu passar alguns dias repetindo essa afirmação muitas vezes, o padrão de efeito exterior da procrastinação automaticamente começará a desaparecer.

À medida que eu criar internamente um padrão de autovalorização, não necessitarei atrasar o que for para meu bem.

Você entende como isso poderia se aplicar a alguns dos padrões negativos ou efeitos externos que existem em sua vida? Vamos parar de desperdiçar tempo e energia diminuindo-nos por algo que não conseguiremos fazer se temos certas crenças interiores. *Mudemos as crenças.*

Não importa qual seja a abordagem escolhida ou sobre que assunto estejamos falando, estamos apenas lidando com pensamentos, e pensamentos podem ser mudados.

Quando queremos mudar uma condição, precisamos dizer:

"Estou disposto a abandonar o padrão dentro de mim que está criando esta condição."

Diga isso a si mesmo muitas e muitas vezes sempre que pensar no seu problema ou doença. No minuto em que fizer essa afirmação, você sairá da categoria de vítima. Você não é mais impotente, está reconhecendo seu poder. O que está me dizendo é: "Estou começando a compreender que eu criei isto. Agora pego meu poder de volta. Vou me livrar dessa velha ideia e deixá-la ir."

Autocrítica

Tenho uma cliente que é capaz de comer meio quilo de manteiga e tudo o mais que encontra quando não consegue suportar os próprios pensamentos negativos. No dia seguinte fica enraivecida com seu corpo porque ele é gordo. Quando ela era menina, costumava andar em volta da mesa do jantar depois que todos terminavam, comendo os restos e a manteiga, às vezes quase um tablete inteiro. A família ria e achava engraçadinho. Essa era praticamente a única aprovação que minha cliente recebia dos parentes.

Quando você se repreende, quando se menospreza, quando "se dá uma sova", a quem acha que está maltratando?

Quase toda a nossa programação, tanto positiva quanto negativa, foi aceita por nós quando tínhamos 3 anos. Nossas experiências desde então estão baseadas naquilo que aceitamos e acreditamos sobre nós mesmos e sobre a vida naquela época. O modo como fomos tratados quando pequenos geralmente é o modo como nos tratamos agora. A pessoa que você está maltratando é a criança de 3 anos no seu interior.

Se você é uma pessoa que fica com raiva de si mesma por ser medrosa e assustada, pense em si como sendo uma criança de 3 anos. Se você visse à sua frente uma criança de 3 anos, cheia de medo, o que faria? Ficaria bravo com ela ou estenderia os braços para confortá-la até ela se sentir segura e tranquila? Talvez os adultos que viviam à sua volta quando você era criança não soubessem como confortá-lo na época. Mas agora *você* é o adulto em sua vida e, se não está confortando a criança no seu interior, trata-se de algo muito triste mesmo.

O que foi feito no passado pertence ao passado e terminou. Mas este é o presente e você agora tem a oportunidade de se tratar como quer ser tratado. Uma criança assustada precisa de carinho, não de repreensões. Ralhar consigo mesmo só o torna mais assustado e não existe lugar para onde fugir. Quando a criança dentro de nós se sente insegura, ela cria um monte de problemas. Lembra-se de como era ser espezinhado quando você era criança? A sua criança interior sente exatamente o mesmo.

Seja carinhoso consigo mesmo. Comece a se amar e se aprovar. É disso que aquela criancinha precisa para expressar todo seu potencial.

Na infinidade da vida onde estou, tudo é perfeito, pleno e completo. Vejo os padrões de resistência dentro de mim somente como algo mais de que devo me livrar. Eles não têm poder sobre mim. Eu sou o poder no meu mundo. Fluo com as mudanças que estão ocorrendo em minha vida da melhor forma que posso. Aprovo-me e aprovo a forma como estou mudando. Estou fazendo o melhor possível. Cada dia fica mais fácil. Alegro-me por estar no ritmo e no fluxo de minha vida sempre em mutação. Hoje é um dia maravilhoso. Escolho entendê-lo assim. Tudo está bem no meu mundo.

7

COMO MUDAR

Atravesso pontes com alegria e facilidade.

Adoro "como fazer". Toda a teoria do mundo é inútil a não ser que saibamos como aplicá-la para mudar alguma coisa. Sempre fui uma pessoa muito pragmática, prática, com grande necessidade de saber como fazer as coisas.

Os princípios com que estaremos trabalhando agora são:

Nutrindo a disposição de soltar.

Controlando a mente.

Aprendendo como perdoar-se e perdoar os outros nos liberta.

Desprender a necessidade

Às vezes, quando tentamos desprender um padrão, toda a situação parece piorar por algum tempo. Isso não é mau, mas apenas um sinal de que a situação está começando a se mexer. Nossas afirmações estão funcionando, temos de ir em frente.

Exemplos

Estamos trabalhando no aumento da prosperidade e perdemos a carteira.

Estamos trabalhando na melhoria dos nossos relacionamentos e arranjamos uma briga.

Estamos trabalhando para ficarmos saudáveis e pegamos um resfriado.

Estamos trabalhando na expressão de talentos e capacidades criativas e somos despedidos.

Às vezes o problema toma uma direção diferente e começamos a ver e entender mais. Por exemplo, suponhamos que você esteja tentando deixar de fumar e diga: "Estou disposto a me livrar da necessidade de cigarros." À medida que vai trabalhando nisso, nota que seus relacionamentos vão se tornando mais desagradáveis.

Não se desespere, é um sinal de que o processo está em andamento.

Você pode se fazer uma série de perguntas, como: "Estou disposto a desistir de relacionamentos desagradáveis? Será que meus cigarros estavam criando uma cortina de fumaça para eu não perceber o quanto esses relacionamentos eram desagradáveis? Por que estou criando esses relacionamentos?"

Você nota que os cigarros são apenas um sintoma, não uma causa. Agora então está desenvolvendo a percepção e a compreensão que o libertarão.

Você começa a dizer: "Estou disposto a me livrar da 'necessidade' de ter relacionamentos desagradáveis."

Em seguida, você percebe, digamos, que o que o desagrada nesses relacionamentos é que os outros parecem sempre criticá-lo.

Tendo consciência de que nós criamos todas as nossas experiências, você então começa a dizer: "Estou disposto a me livrar da 'necessidade' de ser criticado."

Passando a pensar em críticas, você percebe que recebeu muitas críticas quando criança. É por causa disso que a criancinha no seu interior só se sente "em casa" quando é criticada. Seu modo de esconder esse padrão pode ter sido a criação de uma "cortina de fumaça".

O próximo passo então poderá ser: "Estou disposto a perdoar ________."

À medida que prossegue com suas afirmações, você talvez descubra que os cigarros não o atraem mais e que as pessoas com quem convive deixaram de criticá-lo. Então você *sabe* que abandonou sua necessidade.

Isso geralmente leva algum tempo de trabalho. Se você for persistente, tiver delicadeza e estiver disposto a se dar alguns instantes de silêncio a cada dia para refletir sobre o seu processo de mudança, obterá as respostas. A inteligência dentro de você é a mesma Inteligência que criou todo este planeta. Confie na sua Orientação Interior e ela lhe revelará tudo o que você precisa saber.

Exercício: Livrar-se da necessidade

> Se estivéssemos num curso, eu mandaria você fazer este exercício com outra pessoa. No entanto, você pode praticá-lo sozinho, com um espelho, grande, de preferência.
>
> Pense por um instante em algo em sua vida que você quer mudar. Vá para o espelho, olhe-se nos olhos e diga

em voz alta: "Agora percebo que criei essa condição e estou disposto me livrar do padrão em minha consciência que é responsável por ela." Repita várias vezes, com emoção.

Se você estivesse com um parceiro, eu o mandaria perguntar-lhe se você está realmente disposto, se pensa que é mesmo isso que quer. Em seguida eu o mandaria *convencer* seu companheiro.

Como você está trabalhando com o espelho, pergunte-se se é isso mesmo que quer. Convença-se de que desta vez você está pronto para se libertar da servidão do passado.

A essa altura, muitos ficam assustados porque não sabem como se libertar. Têm medo de se comprometer antes de saberem todas as respostas. Isso é apenas mais resistência. Ignore-a.

Uma das coisas mais formidáveis que existem é que não precisamos saber "como". Tudo o que precisamos é estar dispostos. A Inteligência Universal ou o subconsciente descobrirá o "como". Cada pensamento que você tem ou cada palavra que fala está recebendo resposta, e o ponto do poder está neste instante. Os pensamentos que você está tendo e as palavras que está dizendo neste momento estão criando seu futuro.

Sua mente é uma ferramenta

Você é muito mais do que sua mente. Você pode pensar que ela é que está dirigindo o espetáculo, mas é só porque você a treinou para pensar assim. Você também pode destreinar e treinar de novo essa sua ferramenta.

Sua mente é uma ferramenta que você pode usar da forma que quiser. O modo como a usa agora é só um hábito, e hábitos, quaisquer hábitos, podem ser modificados.

Faça sua mente parar de tagarelar por um instante e pense bem neste conceito: *Sua mente é uma ferramenta que você pode usar da maneira que quiser.*

Os pensamentos que você "escolhe" criam as experiências que você tem. Se você acredita que é difícil modificar um hábito ou pensamento, isso será verdade para você. Se você escolher pensar "Está se tornando fácil para mim fazer modificações", então será verdade para você.

Controlando a mente

Existe um incrível poder e inteligência no seu interior que reage constantemente aos seus pensamentos e palavras. À medida que você aprende a controlar sua mente através da escolha consciente de pensamentos, você se alia a esse poder e inteligência.

Não pense que sua mente está no controle. *Você* é que controla sua mente. *Você* usa sua mente. Você *pode* parar de escolher esses velhos pensamentos.

Quando seu velho pensamento tenta voltar e dizer "É muito difícil mudar", assuma o controle de sua mente e diga "Agora escolho acreditar que está se tornando mais fácil fazer mudanças". Pode ser que tenha de conversar assim com sua mente várias vezes, até que ela reconheça que você está no controle e que sua palavra é a que vale.

A única coisa sobre a qual você tem controle é o seu pensamento atual

Seus velhos pensamentos não existem mais; não há nada que você possa fazer sobre eles exceto vivenciar as experiências que causaram. Seus futuros pensamentos ainda não se formaram e você não sabe quais serão. No entanto, seu pensamento atual, o que você está pensando agora, está totalmente sob seu controle.

Exemplo

Suponhamos que você tenha um filho que há muito tempo recebeu permissão de ficar acordado até tarde. Num belo dia, você decide que agora quer que o garoto vá para a cama todas as noites às 20 horas. Como acha que será a primeira noite?

Claro, a criança se rebelará contra essa nova regra e poderá berrar, chutar e inventar um monte de coisas para não se deitar. Se você não ficar firme na sua decisão, seu filho ganhará a parada e tentará controlá-lo para sempre.

No entanto, se você não abrir mão do que decidiu, mantendo a calma e insistindo em que essa é a nova hora de dormir, a rebeldia irá diminuindo. Em duas ou três noites a nova rotina estará estabelecida.

O mesmo acontece com a sua mente. Claro que ela inicialmente se rebelará, pois não deseja ser treinada. Porém, você está no controle e, caso se mantenha firme e concentrado, dentro de pouco tempo o novo modo de pensar ficará estabelecido e será extremamente gratificante tomar consciência de que *você não é uma vítima indefesa de seus pensamentos, mas sim o patrão de sua mente.*

Exercício: Deixando ir

> Enquanto lê, respire profundamente e, à medida que solta o ar, deixe toda a tensão sair de seu corpo. Deixe seu couro cabeludo, sua testa e seu rosto relaxarem. A cabeça não precisa estar tensa para você ler. Deixe a língua, o pescoço e os ombros relaxarem. Você pode segurar o livro com braços e mãos relaxados. Faça isso agora. Deixe as costas, o abdômen e a pélvis relaxarem. Deixe sua respiração se tranquilizar enquanto você vai relaxando as pernas e os pés.
>
> Você sentiu uma grande mudança no seu corpo desde que começou o parágrafo anterior? Note o quanto você se prende. Se está fazendo isso com seu corpo, está fazendo com sua mente.
>
> Nessa posição relaxada, confortável, diga a si mesmo: "Estou disposto a deixar ir. Eu solto. Eu deixo ir. Solto toda a tensão. Solto todo o medo. Solto toda a raiva. Solto toda a culpa. Solto toda a tristeza. Deixo ir todas as minhas velhas limitações. Deixo ir e estou em paz. Estou em paz comigo mesmo. Estou em paz com o processo da vida. Estou em segurança."

Repita esse exercício duas ou três vezes. Sinta como é fácil deixar ir. Faça-o de novo sempre que sentir pensamentos de dificuldade aparecendo. É preciso um pouco de treinamento para tornar-se rotina. Quando você primeiro se põe nesse estado de paz, fica fácil para as afirmações se assentarem. Você torna-se aberto e receptivo a elas e não há mais necessidade de luta, tensão ou esforço. Apenas relaxe e entregue-se aos pensamentos apropriados. Sim, é mesmo fácil.

A liberação física

Às vezes precisamos experimentar um soltar no plano físico. Experiências e emoções podem ficar trancadas no corpo. Gritar dentro de um automóvel com todas as janelas fechadas pode ser um alívio se estivemos sufocando nossa expressão verbal. Socar o colchão ou chutar almofadas é um modo inofensivo de liberarmos a raiva represada. Podemos também usar esportes com esse objetivo, como jogar tênis ou correr.

Há algum tempo tive uma dor no ombro durante uns dois ou três dias. Tentei ignorá-la, mas ela recusou-se a desaparecer. Finalmente acomodei-me e perguntei a mim mesma: "O que está acontecendo aqui? O que estou sentindo?"

"Parece que está queimando. Queimando... queimar... isso significa raiva. Por que você está com raiva?"

Não pude pensar em nada que pudesse estar me causando raiva, de modo que falei: "Bem, vamos ver se conseguimos descobrir." Coloquei dois grandes travesseiros na cama e comecei a socá-los com energia.

Depois de uns dez socos, percebi exatamente qual era o motivo de minha raiva. E a ideia veio bem clara. Assim, soquei os travesseiros com mais força ainda e liberei as emoções de meu corpo. Quando terminei estava me sentindo muito melhor e, no dia seguinte, meu ombro não doía mais.

Deixando o passado nos segurar

Muitas pessoas me dizem que *não podem desfrutar o presente por causa de algo que aconteceu no passado.* Como não fizeram alguma coisa no passado, não podem viver plenamente hoje. Como não têm mais algo que tinham no passado, não podem se divertir no presente. Como foram magoados no passado, não aceitam o amor agora. Como algo desagradável aconteceu quando fizeram determinada coisa no passado, têm certeza de que ela acontecerá de novo hoje. Como uma vez fizeram algo que lamentam, estão certos de que serão pessoas más para sempre. Como um dia alguém lhes fez algo, acusam essa pessoa por sua vida não ser como gostariam. Como enraiveceram-se por causa de uma situação no passado, mantêm-se indignados. Como numa antiga experiência foram maltratados, nunca esquecerão ou perdoarão.

Como não fui convidado para a festa de formatura do ensino médio, não posso gozar a vida hoje.

Como me saí muito mal na minha primeira audição, ficarei eternamente apavorado com audições.

Como não sou mais casada, não posso gozar plenamente a vida hoje.

Como meu primeiro relacionamento terminou, nunca mais estarei aberto ao amor.

Como uma vez fiquei magoado com uma observação, nunca mais confiarei em ninguém.

Como uma vez roubei uma coisa, devo me punir para sempre.

Como eu era pobre quando criança, jamais serei bem-sucedido.

O que frequentemente nos recusamos a perceber é que mantermo-nos presos ao passado – não importa qual tenha sido e por mais horrível que tenha sido – *só magoa a nós mesmos.* "Eles" na verdade não se importam. Geralmente "eles" nem têm consciência do que fizeram. Estamos apenas nos prejudicando ao nos recusarmos a viver ao máximo o momento presente.

O passado é passado e não pode ser mudado. O único instante que podemos vivenciar é o instante presente. Mesmo quando reclamamos sobre o passado, estamos somente vivenciando a lembrança que temos dele neste momento e com isso perdendo a real experiência do instante presente.

Exercício: Livrar-se do passado

> Vamos agora limpar o passado de nossas mentes, desprender o envolvimento emocional ligado a ele. Permitir que as lembranças sejam apenas lembranças.
>
> Lembramo-nos de muitas coisas em que não existe nenhum envolvimento emocional, que não passam de simples recordações.
>
> Deve acontecer o mesmo com todos os acontecimentos passados. À medida que vamos desprendendo o envolvimento emocional deles, tornamo-nos livres para desfrutar o instante presente e criar um grande futuro.
>
> Faça uma lista das coisas que está disposto a soltar. Qual é a intensidade de sua disposição? Note suas reações. O que você terá de fazer para se libertar desse envolvimento? Qual é o seu nível de resistência?

Perdão

O passo seguinte. O *perdão.* Perdoar a nós mesmos e aos outros nos liberta do passado. O livro *Um curso em milagres* repete com insistência que o perdão é a resposta para quase tudo. Aprendi que quando estamos empacados em certo ponto significa que precisamos perdoar mais. Quando não fluímos livremente com a vida no momento presente, em geral estamos nos agarrando a um instante passado. Pode ser pesar, tristeza, mágoa, medo, culpa, raiva, ressentimento e às vezes até o desejo de vingança. *Cada um desses estados vem de um espaço onde não houve perdão, de uma recusa em desprender as emoções e vir para o momento presente.*

O amor é sempre a resposta para qualquer tipo de cura, e o caminho que leva ao amor é o perdão. Perdoar dissolve o ressentimento. Eu trato dessa questão de várias maneiras.

Exercício: Dissolvendo o ressentimento

> Existe um velho exercício criado por Emmet Fox que sempre funciona. Ele recomenda que você se sente numa posição confortável, feche os olhos e deixe sua mente e corpo relaxarem. Depois imagine-se sentado num teatro, vendo à sua frente um pequeno palco. Ponha nesse palco a pessoa da qual tem mais ressentimento. Pode ser alguém do presente ou do passado, vivo ou morto. Quando conseguir ver essa pessoa com clareza, visualize boas coisas acontecendo a ela, coisas que teriam grande significado para ela. Veja-a sorrindo e feliz.
>
> Mantenha essa imagem por alguns minutos e depois deixe que desapareça vagarosamente. Eu gosto de acrescentar outra etapa. Quando a pessoa sair do palco, coloque-se lá. Veja coisas boas acontecendo a você. Veja-se

sorrindo e feliz. Tome consciência de que a abundância do Universo está disponível para todos nós.

O exercício acima dissolve as nuvens escuras de ressentimento que a maioria de nós carrega. Para alguns, será muito difícil fazê-lo. Você pode pôr no palco uma pessoa diferente a cada exercício. Pratique-o uma vez ao dia durante um mês e note como se sentirá muito mais leve.

Exercício: Vingança

Aqueles que estão na senda espiritual conhecem a importância do perdão. Para alguns de nós, todavia, existe uma etapa que se faz necessária antes de podermos perdoar completamente. Às vezes a criancinha dentro de nós precisa se vingar antes de estar livre para perdoar. Este exercício é muito útil num caso desses.

Feche os olhos, sente-se numa posição confortável e tranquilize-se. Pense na pessoa que acha mais difícil perdoar. O que realmente gostaria de fazer com ela? O que ela precisa fazer para receber seu perdão? Imagine isso acontecendo agora. Entre em detalhes. Por quanto tempo quer que elas sofram ou se penitenciem?

Quando você achar que terminou, condense o tempo gasto no sofrimento e deixe-o ir embora para sempre. Geralmente, a essa altura você está se sentindo melhor e é mais fácil pensar em perdão.

Não aconselho praticar este exercício todos os dias, pois não seria bom para você. Todavia, fazê-lo uma vez, com emoção, fechando uma série de exercícios, pode ser um alívio.

Exercício: Perdão

Agora, sim, estamos prontos a perdoar. Se puder, faça este exercício com um parceiro. Se não, faça-o em voz alta.

Mais uma vez sente-se numa posição confortável com os olhos fechados e diga: "A pessoa que preciso perdoar é ______ e eu o/a perdoo por ______."

Repita várias vezes. Você terá de perdoar alguns por muitas coisas, outros apenas por duas ou três. Se estiver trabalhando com um parceiro, ele lhe dirá: "Obrigado, eu posso libertá-lo agora." Se estiver sozinho, imagine a pessoa perdoada falando isso. Pratique o exercício por no mínimo cinco ou dez minutos. Procure no fundo do seu coração as injustiças que você ainda abriga e depois deixe-as ir.

Quando tiver esclarecido o máximo que pode, volte sua atenção para si mesmo. Diga em voz alta: "Eu me perdoo por ________." Faça isso por mais uns cinco minutos.

Estes exercícios são poderosos e devem ser feitos pelo menos uma vez por semana para limpar a sujeira mental restante. Algumas experiências se soltam com facilidade, outras têm de ser raspadas pouco a pouco, até que repentinamente um dia elas se desprendem e se dissolvem.

Exercício: Visualização

Outro bom exercício. Se puder, peça a alguém para lê-lo para você ou então grave-o em fita para poder acompanhá-lo de olhos fechados.

Comece a se visualizar como uma criança de 5 ou 6 anos. Olhe bem nos olhos dessa criança. Veja a ânsia de carinho que existe neles e conscientize-se de que essa criança quer uma única coisa de você: amor. Assim, estenda os braços e receba neles a criança. Abrace-a com amor e ternura. Diga-lhe que você a ama muito, que se importa demais com ela. Admire tudo o que existe nessa criança e diga-lhe que não há mal em cometer erros quando se está aprendendo. Prometa que, aconteça o que acontecer, você sempre a apoiará. Agora deixe essa criança ficar muito pequena, até chegar a um tamanho que caiba em seu coração. Coloque-a dentro dele de tal forma que o seu rostinho esteja voltado para você e você possa dar a ela muito amor.

Agora visualize sua mãe como uma menininha de 3 ou 4 anos, assustada, procurando por amor sem saber onde encontrá-lo. Estenda os braços, segure essa criança contra o seu peito e diga-lhe o quanto a ama, o quanto se importa com ela. Deixe-a saber que pode contar com seu apoio, que você estará sempre ao lado dela, não importa o que aconteça. Quando ela se acalmar e começar a se sentir segura, faça-a ficar pequenina, de um tamanho que caiba no seu coração. Coloque-a nele, junto com sua própria criancinha. Em seguida, dê às duas muito amor.

Agora imagine seu pai como um menininho de 3 ou 4 anos, assustado, chorando e procurando amor. Veja as lágrimas escorrendo pelo seu rostinho enquanto ele procura um amparo que não encontra. Você já adquiriu prática em confortar criancinhas. Assim, abra os braços e segure o corpo trêmulo do menino contra seu peito. Conforte o menino. Cante para ele. Deixe-o sentir o quanto você o ama. Deixe-o saber que você sempre estará ali para ampará-lo.

Quando as lágrimas da criança secarem e você sentir o amor e a paz no seu corpinho, faça o menino ficar bem pequeno, para que possa caber no seu coração. Coloque-o lá dentro para que as três crianças deem muito amor umas às outras e você possa amá-las todas.

O amor que existe no seu coração é tamanho que você poderia curar o planeta inteiro. Porém, por enquanto, vamos usar esse amor para curar a você mesmo. Sinta um calor começar a surgir no seu centro cardíaco, uma ternura, uma bondade. Deixe essa sensação começar a mudar o que você pensa e fala sobre você mesmo.

Na infinidade da vida onde estou, tudo é perfeito, pleno e completo. A mudança é a lei natural de minha vida. Dou boas-vindas a ela. Estou disposto a mudar. Escolho mudar meu pensamento. Escolho mudar as palavras que uso. Vou do velho para o novo com facilidade e alegria. É mais fácil perdoar do que eu imaginava. O perdão me faz sentir livre e leve. É com alegria que aprendo a me amar cada vez mais. Quanto mais ressentimento desprendo, mais amor tenho para expressar. Modificar meus pensamentos me faz sentir que sou bom. Estou aprendendo a fazer de hoje um prazer a ser vivenciado. Tudo está bem no meu mundo.

8

CONSTRUINDO O NOVO

As respostas no meu interior atingem
com facilidade minha consciência.

Não quero ser gordo.
Não quero ser pobre.
Não quero ser velho.
Não quero morar aqui.
Não quero ter este relacionamento.
Não quero ser como meu pai/mãe.
Não quero ficar mofando neste emprego.
Não quero ter este nariz/corpo/cabelos.
Não quero ser solitário.
Não quero ser infeliz.
Não quero ser doente.

Aquilo em que você põe sua atenção cresce

As frases acima mostram como somos culturalmente ensinados a lutar contra o negativo. Acreditamos que, pensando dessa forma, o positivo virá a nós automaticamente. Mas não é assim que funciona.

Quantas vezes você lamentou sobre o que não queria? Por acaso isso lhe trouxe o que realmente desejava? Para quem quer mesmo fazer mudanças, lutar contra o negativo é pura perda de tempo. *Quanto mais você pensa no que não quer, mais dele você cria. Tudo aquilo que você sempre detestou em você mesmo ou em sua vida provavelmente continua aí.*

Aquilo a que você dedica sua atenção cresce e torna-se permanente. Afaste-se do negativo e coloque sua atenção no que realmente quer ser ou ter. Vamos transformar as afirmações negativas que lemos acima em afirmações positivas.

Estou mais magro.
Sou próspero.
Sou eternamente jovem.
Estou mudando para um lugar melhor.
Tenho um maravilhoso relacionamento novo.
Sou eu mesmo.
Adoro meu nariz/corpo/cabelos.
Estou cheio de amor e afeto.
Sou alegre, livre e feliz.
Tenho plena saúde.

Afirmações

Aprenda a pensar em afirmações positivas. Afirmação é qualquer declaração que você faz. Pensamos em afirmações negativas com uma frequência exagerada. Elas só servem para criar mais do que você não quer. Dizer "Odeio meu emprego" não o levará a nenhum lugar. Declarar "Agora aceito um ótimo emprego novo" abrirá os canais na sua consciência que criarão esse fato.

Faça sempre afirmações positivas sobre como quer que seja sua vida. Um aviso importante: *Use sempre o tempo presente nas suas declarações*, como "sou" ou "tenho". Seu subconsciente é um servo tão obediente que, se você afirmar usando o futuro, como "serei" ou "terei", é lá que sempre ficará o que deseja – fora do seu alcance, no futuro!

O processo de se amar

Como eu disse anteriormente, não importa qual seja o problema, o principal tema em que temos de trabalhar é *amar a si mesmo*. Essa é a "varinha mágica" que dissolve problemas. Lembre-se das vezes em que você estava de bem consigo mesmo e como era sua vida nessas ocasiões. Pense nas vezes em que esteve apaixonado e verá que naqueles períodos parecia não haver problemas. Bem, amar você mesmo lhe trará uma tal onda de boas sensações e boa sorte que o fará dançar nas nuvens. *Amar você mesmo o faz se sentir bem.*

É impossível amarmos a nós mesmos se não temos autoaprovação e autoaceitação. Isso significa que não deve haver nenhum tipo de crítica. Já posso ouvir as objeções:

Mas eu sempre me critiquei.

Como é possível eu gostar disso em mim?

Meus pais/professores/amantes sempre me criticaram.

Como ficarei motivado?

Mas é errado eu fazer essas coisas.

Como vou mudar se não me critico?

Treinando a mente

Autocrítica, como vimos anteriormente, é apenas a mente continuando com sua velha tagarelice. Está vendo como você treinou sua mente para menosprezá-lo e ser resistente a mudanças? Ignore esses pensamentos e continue com o trabalho importante que está à sua frente!

Vamos voltar a um exercício que já fizemos. Olhe-se novamente no espelho e diga: "Amo e aprovo a mim mesmo exatamente como sou."

Que tal agora? Está sendo um pouco mais fácil depois do trabalho de perdão que fizemos? O tema básico ainda é esse. A autoaprovação e a autoaceitação são as chaves das mudanças positivas.

Na época em que minha autonegação prevalecia, às vezes eu chegava a esbofetear meu próprio rosto. Eu não conhecia o significado da autoaceitação. Minha crença em minhas próprias carências e limitações era mais forte do que aquilo que qualquer um poderia dizer em contrário. Se alguém me dizia que eu era amada, minha reação imediata era: "Por quê? O que ele vê em mim?" Ou então lá vinha o clássico pensamento: "Se soubessem como realmente sou por dentro, não me amariam."

Eu não tinha consciência de que tudo o que é bom começa com a aceitação do que existe dentro do próprio ser e com o amar a si mesmo. Levei um bom tempo para desenvolver uma relação pacífica e carinhosa comigo mesma.

De início eu costumava garimpar pequenas coisas em mim que considerava "boas qualidades". Até isso ajudou, e minha saúde começou a melhorar. A boa saúde começa com o amor por si mesmo. O mesmo acontece com a prosperidade, o amor e a autoexpressão criativa. Mais tarde aprendi a me amar e me aprovar por completo, inclusive as qualidades que eu pensava não serem "boas o bastante". Foi então que realmente comecei a progredir.

Exercício: Eu me aprovo

Já dei este exercício a centenas de pessoas e o resultado é fenomenal. Durante o próximo mês repita frequentemente a si mesmo: *Eu me aprovo.*

Diga isso pelo menos trezentas ou quatrocentas vezes por dia. Não, não é demais. Quando você está preocupado com um problema, pensa nele com a mesma intensidade. Deixe "eu me aprovo" tornar-se um mantra, uma frase que você repete sem parar.

Saiba com toda a certeza que dizer "Eu me aprovo" trará à superfície tudo o que está imerso na sua consciência contra essa afirmação.

Quando surgir um pensamento negativo como: "Como você pode se aprovar quando é tão gordo?" ou "É tolice pensar que isso vai adiantar", ou ainda "Você não presta", seja qual for a tagarelice negativa, *esta é* a hora de assumir o controle mental. Veja o pensamento apenas como outra maneira de mantê-lo preso ao passado. Diga delicadamente a esse pensamento: "Eu o deixo ir, eu me aprovo".

> A simples ideia de fazer este exercício desperta pensamentos negativos, como: "Que coisa boba", "Não me parece verdade", "É mentira", "Parece coisa de gente convencida" ou "Como posso me aprovar quando faço isso ou aquilo?".
>
> Deixe-os todos apenas passar. São somente pensamentos de resistência, eles não têm poder sobre você, a não ser que escolha acreditar neles.
>
> "Eu me aprovo, eu me aprovo, eu me aprovo." Não importa o que aconteça, não importa o que lhe digam, continue. De fato, se você puder dizer isso a si mesmo quando estiver fazendo algo que alguém não aprova, saberá que está crescendo e mudando.

Os pensamentos não têm poder sobre nós a não ser que nos entreguemos a eles. Pensamentos são somente palavras enfileiradas. Eles não têm *nenhum significado*. Somente nós damos significado a eles. E nós escolhemos o significado que queremos.

Parte da autoaceitação é liberar as opiniões de outras pessoas. Se eu estivesse ao seu lado e ficasse repetindo: "Você é um porco roxo, você é um porco roxo", você riria de mim ou se irritaria comigo, pensando que eu sou louca. É pouco provável que acreditasse em mim. No entanto, muitas das coisas que escolhemos acreditar sobre nós mesmos são tão idiotas e inverídicas como essa. Crer que seu valor depende do formato do seu corpo é sua versão de acreditar que "você é um porco roxo".

Frequentemente, o que pensamos como sendo as coisas "erradas" em nós são apenas expressões de nossa individualidade. Somos únicos e especiais. A natureza nunca se repete. Desde que este planeta se formou, nunca existiram dois pingos de chuva iguais ou dois flocos de neve iguais. Uma margarida é sempre diferente de todas as outras. Nossas impressões digitais são todas diferentes, nós somos todos diferentes. *Fomos feitos para ser diferentes. Quando conseguimos aceitar isso, não existe mais competição nem comparação.* Tentar ser como outra pessoa só serve para atrofiar nossa alma. Viemos a este planeta para expressarmos quem *somos.*

Eu nem sequer sabia quem eu era até que comecei a aprender a me amar como sou agora.

Ponha sua percepção em prática

Escolha pensamentos que o façam feliz. Faça coisas que o deixem feliz. Esteja com pessoas que o façam se sentir bem. Coma coisas que façam seu corpo se sentir bem. Avance num ritmo que o faça se sentir bem.

Plantando sementes

Pense por um instante num pé de tomate. Uma planta saudável pode dar mais de cem frutos. Para termos um tomateiro com todos esses tomates, precisamos começar com uma pequena semente. A semente não se parece com um pé de tomate. Não tem gosto de tomate. Se você não tivesse certeza de que se trata de uma semente de tomateiro, nem mesmo acreditaria que dela poderia se originar uma planta. No entanto, digamos que você planta essa sementinha num solo fértil, rega-a com frequência e a expõe ao sol.

Quando surge o primeiro brotinho, você não pisa nele e diz: "Isso não é um tomateiro!" Em vez disso, examina-o atentamente e diz "Que bom! Está nascendo", e observa a plantinha crescer com satisfação. Com o tempo, se você continua a regá-la, a deixá-la tomar bastante sol e a tirar as ervas daninhas, poderá ter um tomateiro com mais de cem saborosos tomates. E tudo começou com uma única pequenina semente.

O mesmo acontece quando você está criando uma nova experiência. O solo onde se planta a sementinha é o seu subconsciente. A semente é a nova afirmação. *Toda a nova experiência está nessa sementinha.* Você a rega com afirmações positivas. Ilumina-a com o sol dos pensamentos positivos. Limpa o jardim arrancando as ervas daninhas, os pensamentos negativos que sobem à superfície. E, quando vê o primeiro brotinho, não pisa nele e diz: "Isto não é suficiente!" Em vez disso, observa esse germinar e alegra-se: "Que bom! Está brotando! Funciona!"

Assim, você vê a experiência germinar e tornar-se seu desejo manifestado.

Exercício: Criar novas mudanças

> *Agora chegou a hora de elaborar uma lista das coisas que estão erradas com você e transformá-las em afirmações positivas.* Você pode também escrever todas as mudanças que quer ou tem de fazer. Depois escolha três delas e transforme-as afirmações positivas.
>
> Suponhamos que sua lista negativa seja mais ou menos como a seguinte:
>
> Minha vida é uma droga.

Eu deveria emagrecer.

Ninguém me ama.

Quero me mudar daqui.

Odeio meu emprego.

Eu deveria ser mais organizado.

Não consigo fazer nada direito.

Não sou bom o bastante.

Mude-a para algo como:

Estou disposto a libertar o padrão dentro de mim que criou essas condições.

Estou no processo de mudanças positivas.

Tenho um corpo esbelto, feliz.

Recebo amor aonde quer que vá.

Tenho a moradia perfeita.

Eu agora crio um ótimo emprego novo.

Agora sou organizado.

Aprecio o que faço.

Amo-me e aprovo-me.

Confio no processo da vida e sei que ele trará meu mais alto bem.

Mereço o melhor e aceito-o agora.

Desse grupo de afirmações virão todas as coisas que você deseja mudar em sua lista. Amar-se e aprovar-se, criar um espaço seguro, confiar, achar-se merecedor e aceitar resultarão na normalização do peso corporal. Essas afirmações criarão ordem em sua mente, relações carinhosas em sua vida, atrairão um novo emprego e um lugar melhor para morar. É milagroso o modo como cresce um tomateiro. É milagroso o modo como podemos dar vida a nossos desejos.

Merecendo o seu bem

Você acredita que merece ter o que deseja? Se não for assim, você não se permite tê-lo. Surgirão circunstâncias fora de seu controle para frustrá-lo.

Exercício: Eu mereço

Olhe-se novamente no espelho e diga: "Mereço ter/ser e o aceito." Repita duas ou três vezes.

Como se sente? Preste sempre atenção às suas sensações, ao que está acontecendo no seu corpo. Você percebe isso como verdade ou ainda acha que não é merecedor?

Se continua com sensações negativas no corpo, volte a afirmar: "Livro-me do padrão em minha consciência que está criando resistência ao meu próprio bem. Eu mereço."

Repita isso até obter as sensações de aceitação, mesmo que tenha de insistir por vários dias seguidos.

Filosofia holística

Ao Construir o Novo, deveremos usar uma abordagem holística. O objetivo da filosofia holística é alimentar e nutrir o ser completo – Corpo, Mente e Espírito. Ignorando qualquer uma dessas áreas ficamos incompletos, não somos um todo. Não importa por onde comecemos, desde que depois venhamos a incluir as outras áreas.

Começando com o corpo, vamos querer trabalhar com nutrição, aprender que relação existe entre nossa escolha de bebidas e alimentos e o efeito que eles nos causam. Procuramos as melhores escolhas para o nosso corpo. Existem ervas e vitaminas, homeopatia e remédios naturais. Poderemos explorar, por exemplo, a terapia do cólon.

Vamos querer encontrar uma forma de exercício que nos atrai. O exercício físico é algo que fortalece nossos músculos e mantém o corpo jovem. Além dos esportes em geral, considere a dança, o tai chi, artes marciais e ioga. Eu adoro minha cama elástica e uso-a diariamente. A prancha inclinada favorece meus períodos de relaxamento.

Seria bom também explorar alguma forma de terapia corporal como o Rolfing, a terapia Heller ou a Trager. Massagens, reflexologia na sola dos pés, acupuntura ou quiroprática são benéficos. Há também o método Alexander, a bioenergética, o método Feldenkrais, o Toque de Saúde e a terapia Reiki.

Ao começar com a mente, podemos explorar técnicas de visualização, imaginação criativa e afirmações. Existem inúmeras técnicas psicológicas, entre elas: Gestalt, hipnose, psicodrama, regressões a vidas passadas, terapia artística, terapia dos sonhos.

A meditação em qualquer uma de suas formas é um excelente meio de acalmar a mente e permitir que seu conhecimento venha à tona. Eu geralmente sento-me de olhos fechados e digo: "O que preciso saber?" Então espero em silêncio por uma resposta. Se ela vem, ótimo. Se não, ótimo também. Ela virá num outro dia.

Existem grupos que fazem cursos para todos os gostos, como Introspecção, Treinamento de Relacionamentos Amorosos, Experiência de Defesa, grupo Ken Keyes, Realizações e muitos mais. Muitos deles dão cursos de fim de semana, que lhe oferecem a oportunidade de adquirir um ponto de vista totalmente diferente sobre a vida. O mesmo acontece nos meus próprios cursos de fim de semana. Todavia, nenhum curso eliminará TODOS os seus problemas para sempre. No entanto, eles podem ajudá-lo a mudar sua vida no aqui e agora.

Ao começar no campo espiritual, você pode escolher a prece, a meditação e a ligação com sua Fonte Superior. Para mim, praticar o perdão e o hábito de dar amor incondicional são práticas espirituais.

Existem muitos grupos espirituais. Além das igrejas cristãs, há as metafísicas, como a Religious Science e a Unidade. Posso também citar a Sociedade de Autorrealização, M.S.I.A, a Meditação Transcendental, a Fundação Rajneesh, a Fundação Siddha etc.

Quero que você saiba que existem muitos, muitos caminhos que pode explorar. Se um não funcionar, escolha outro. Todas as sugestões que dei já se mostraram benéficas. Não posso dizer qual é a certa para você, pois isso é algo que terá de descobrir sozinho. Nenhum método, grupo ou pessoa tem todas as respostas para todos. Eu não tenho respostas para todos. Sou apenas mais um degrau na senda que leva para a saúde holística.

Na infinidade da vida onde estou, tudo é perfeito, pleno e completo. Minha vida é sempre nova. Cada instante de minha vida é novo, fresco e vital. Uso meu pensamento afirmativo para criar exatamente o que quero. Este é um novo dia. Eu sou novo. Penso de modo diferente. Falo de modo diferente. Ajo de modo diferente. Os outros me tratam de modo diferente. Meu novo mundo é um reflexo do meu novo modo de pensar. É um prazer e uma alegria plantar novas sementes, pois sei que elas se tomarão minhas novas experiências. Tudo está bem no meu mundo.

9

O TRABALHO DIÁRIO

Gosto de praticar minhas novas habilidades mentais.

Se uma criança desistisse no primeiro tombo, nunca aprenderia a andar

Como acontece com qualquer outra coisa que você está aprendendo, é preciso prática para que se torne parte de sua vida. De início existe muita concentração, e alguns de nós escolhem chamar isso de "trabalho duro". Não gosto de pensar nesses termos, mas sim em algo novo a aprender.

O processo de aprendizado é sempre o mesmo, não importa qual seja a matéria – datilografia, tênis, dirigir ou pensar de maneira positiva. No começo vamos aos trancos e barrancos enquanto o subconsciente vai aprendendo por tentativas, mas, mesmo assim, cada vez que voltamos à prática ela torna-se um pouco mais fácil e nos saímos um pouco melhor. Claro, ninguém é "perfeito" no primeiro dia. Fazemos o que dá e isso já é muito bom para começar.

Diga frequentemente a si mesmo: "Estou fazendo o melhor que posso."

Aprove-se sempre

Lembro-me bem de minha primeira palestra. Quando desci do palco, disse imediatamente a mim mesma: "Louise, você foi sensacional. Foi absolutamente fantástica para uma primeira vez. Com mais cinco ou seis iguais a esta, você será uma profissional."

Algumas horas depois, eu disse a mim mesma: "Acho que poderíamos mudar umas coisas. Vamos ajustar isto, vamos ajustar aquilo." Recusei-me a me criticar de qualquer maneira.

Se eu tivesse descido do palco e começado a me menosprezar com frases como "Você esteve péssima. Cometeu este erro, aquele outro", com toda a certeza ficaria apavorada com a perspectiva da segunda palestra. Do modo como aconteceu, a segunda foi melhor do que a primeira e, ao chegar à sexta, eu já me sentia uma profissional.

Vendo "A Lei" funcionando à nossa volta

Logo antes de começar a escrever este livro, eu comprei um computador, ao qual dei o nome de "Dama Mágica". Era algo novo que escolhi aprender. Descobri que aprender a lidar com o computador era bem parecido com aprender as Leis Espirituais. Quando aprendi a obedecer às leis do computador, ele começou a fazer "mágica" para mim. No início, quando eu não seguia suas leis à risca, nada acontecia ou então ele não funcionava como *eu* queria. Por mais frustrada que eu ficasse, o computador mantinha-se impassível. Ele esperou pacientemente até eu aprender suas leis e então me retribuiu com mágica. Foi preciso muito treino.

O mesmo acontece com o que você está aprendendo a fazer agora. Você precisa estudar as Leis Espirituais e segui-las à risca, não pode querer ajustá-las ao seu antigo modo de pensar. Quando aprender e passar a usar a nova linguagem, você verá a "mágica" demonstrada em sua vida.

Reforce seu aprendizado

Quantos mais meios de reforçar seu aprendizado você encontrar, melhor. Eu sugiro:

Expressar gratidão
Escrever afirmações
Meditar
Praticar exercícios com alegria
Empenhar-se numa boa nutrição
Fazer afirmações em voz alta
Cantar afirmações
Fazer exercícios de relaxamento
Usar a visualização, as imagens criativas
Ler e estudar

Minha terapia diária

Minha própria terapia diária é mais ou menos a seguinte:

Assim que eu acordo, antes de abrir os olhos, dedico meus pensamentos para agradecer por tudo que posso imaginar.

Depois de um banho, levo cerca de meia hora meditando e fazendo minhas preces e afirmações.

Em seguida faço uns 15 minutos de ginástica, geralmente na cama elástica. Às vezes acompanho o programa de ginástica aeróbica das 6 horas na televisão.

Agora estou pronta para a primeira refeição, constituída de frutas, suco de frutas e chá de ervas. Agradeço à Mãe Terra por me dar esses alimentos e a eles por terem dado sua vida para me nutrir.

Antes do almoço gosto de ir para a frente de um espelho e fazer algumas afirmações em voz alta, às vezes até cantando-as. Elas são mais ou menos assim:

> Louise, você é maravilhosa e eu a amo.
> Este é um dos melhores dias da sua vida.
> Tudo está funcionando para o seu mais alto bem.
> O que você precisa saber lhe é revelado.
> Tudo o que você necessita lhe é dado.
> Tudo está bem.

No almoço geralmente como uma grande salada e, mais uma vez, agradeço e abençoo os alimentos.

No final da tarde passo alguns minutos relaxando profundamente meu corpo na prancha inclinada e aproveito para ouvir uma gravação com música ou afirmações.

O jantar consiste em legumes cozidos no vapor e um cereal. Às vezes como peixe ou frango. Meu corpo funciona melhor com comida simples. Gosto de ter companhia para o jantar e, quando estou com outras pessoas, além de abençoar os alimentos, abençoamos uns aos outros.

À noite, reservo algum tempo para ler e estudar. Sempre há mais para aprender. Nessa hora, aproveito para escrever minha afirmação atual umas dez ou vinte vezes.

Quando vou para a cama, reúno meus pensamentos. Repasso o que aconteceu durante o dia e abençoo cada atividade. Afirmo que dormirei calma e profundamente, e acordarei pela manhã bem-disposta, renovada e ansiosa pelo novo dia.

Parece muito, não? Sim, no início pode ser um tanto difícil, mas depois de pouco tempo seu novo modo de pensar se transformará num hábito saudável, como tomar banho ou escovar os dentes, e se tornará automático.

Seria maravilhoso uma família começar o dia com algumas dessas atividades, como todos meditarem juntos. O mesmo poderia ser feito um pouco antes do jantar, o que traria paz e harmonia ao lar. Se vocês acham que não têm tempo, procurem levantar-se meia hora mais cedo. Os benefícios obtidos valerão o esforço.

Como você começa o seu dia?

Qual é a primeira coisa que você diz pela manhã quando acorda? Todos temos algo que dizemos quase diariamente. É positivo ou negativo? Lembro-me ainda da época em que eu abria os olhos e gemia: "Meu Deus, outro dia pela frente." E era exatamente o tipo de dia que eu tinha, tudo dando errado. Atualmente, quando acordo, antes de abrir os olhos, agradeço à minha cama pela boa noite de sono que tive. Afinal, passamos a noite toda juntas em conforto. Depois, com os olhos ainda fechados, passo uns dez minutos agradecendo por todo o bem que existe em minha vida. Em seguida programo rapidamente meu dia, afirmando que tudo o que eu fizer dará certo e que eu terei prazer em todas as minhas atividades. Depois, levanto-me e vou para minha meditação e minhas preces.

Meditação

Reserve alguns minutos diários para você permanecer em silenciosa *meditação*. Se não tiver prática de meditação, comece com cinco minutos. Sente-se numa posição confortável, observe sua respiração e deixe os pensamentos passarem tranquilos pela sua mente. A natureza de sua mente é pensar, por isso não tente se livrar deles. Apenas não lhes dê importância e eles passarão sem perturbá-lo.

Existem muitos cursos e livros que você pode usar para aprender a meditar. Não importa como ou onde comece, com o tempo você criará seu próprio método. Não existe jeito certo ou errado de se meditar. Eu geralmente apenas fico sentada, serena, e pergunto "O que preciso saber?", e espero a resposta vir naturalmente. Se ela não surgir, sei que virá em outra hora. Não há maneira errada ou certa para meditar.

Outra forma de se meditar é sentar-se numa posição confortável e observar o ritmo da respiração. Ao inspirar, conte um, ao soltar o ar, conte dois. Continue contando até chegar ao número dez e depois volte ao começo. Se, durante esse período, sua mente começar a fazer a lista do supermercado, reinicie a contagem. Também, se você estiver tão tranquilo que passar dos dez, digamos, indo até o 25, volte para o um.

Tive uma cliente que era extremamente brilhante e inteligente. Possuía uma mente rápida e ativa, e seu senso de humor era enorme. No entanto, nada parecia dar certo para ela, que estava gorda, sem dinheiro, frustrada na carreira e sem um romance havia muitos anos. Essa mulher aceitava todos os conceitos metafísicos com grande facilidade e encontrava muito sentido neles. O problema dela era ser ativa demais e ter dificuldade de diminuir o ritmo para praticar durante um período de tempo significativo as ideias que conseguia captar com tanta rapidez.

A meditação diária a ajudou enormemente. Começamos com apenas cinco minutos, e pouco a pouco fomos chegando até quinze ou vinte minutos.

Exercício: Afirmações diárias

> Escolha uma ou duas afirmações e *escreva-as* dez ou vinte vezes por dia. *Leia-as em voz alta* com entusiasmo. Faça uma canção com suas afirmações e *cante-a com alegria.* Deixe sua mente pensar nelas o dia inteiro. Afirmações usadas com constância tornam-se crenças e *sempre* produzirão resultados, às vezes de maneiras que nem podemos imaginar.

Uma de minhas crenças é que sempre tenho boas relações com meus senhorios. Meu último locador em Nova York era um homem com fama de ser extremamente difícil e todos os seus inquilinos se queixavam dele. Nos cinco anos em que morei naquele prédio, só o vi três vezes. Quando decidi me mudar para a Califórnia, resolvi vender todas as minhas coisas e recomeçar a vida sem nenhum entrave do passado. Então passei a fazer afirmações, como:

> Todas as minhas coisas são vendidas rápida e facilmente.
> A mudança é muito simples.
> Tudo está funcionando dentro da Divina Ordem.
> Tudo está bem.

Não pensei em como seria difícil vender tudo o que eu tinha, onde iria dormir nas últimas noites ou qualquer tipo de ideia negativa. Só continuei firme nas minhas afirmações. Bem, meus clientes e alunos compraram todos os meus objetos pequenos e a maioria dos livros. Por carta, informei a meu senhorio que eu não iria renovar o contrato e, para minha surpresa, ele me telefonou expressando seu pesar com minha partida. Ofereceu-se para escrever uma carta de recomendação ao meu novo locador na Califórnia e perguntou se eu estava disposta a lhe vender a mobília porque ele havia decidido alugar o apartamento mobiliado.

Minha Consciência Superior juntara duas crenças de uma forma que eu nunca teria imaginado: "Sempre tenho boas relações com meus senhorios" e "Todas as minhas coisas são vendidas rápida e facilmente". Para espanto dos outros inquilinos, consegui dormir em minha própria cama num apartamento confortavelmente mobiliado que usei até o último instante e *ainda ser paga por isso*! Saí de lá com algumas roupas, o liquidificador, o secador de cabelos, minha máquina de escrever, mais um polpudo cheque, e calmamente tomei o trem para Los Angeles.

Não acredite em limitações

Ao chegar à Califórnia, vi-me diante da necessidade de comprar um carro. Como eu nunca fora proprietária de um nem fizera uma aquisição de grande valor anteriormente, não tinha crédito. Os bancos não me davam financiamento e o fato de ser mulher e trabalhar como autônoma não me ajudava em nada. Como eu não estava disposta a gastar todas as minhas economias na compra de um automóvel, encontrava-me num beco sem saída.

Recusando-me a ter qualquer tipo de pensamento negativo sobre os bancos ou minha situação, aluguei um carro e fiquei afirmando sem parar: "Tenho um lindo carro novo e ele vem a mim facilmente."

Também comecei a dizer a todos que eu encontrava que queria comprar um automóvel e ainda não conseguira estabelecer crédito na praça. Cerca de três meses depois, conheci uma executiva que logo simpatizou comigo. Quando lhe contei o meu caso, sua resposta foi: "Deixe isso comigo."

Ela telefonou para um conhecido que trabalhava num banco e lhe devia um favor, disse-lhe que eu era uma "velha amiga" e deu as melhores referências sobre mim. Três dias depois eu estava saindo de uma concessionária com um lindo carro novo.

Meu entusiasmo não foi tão grande como meu "espanto diante do processo". Creio que levei três meses para fazer o automóvel aparecer porque eu jamais fizera uma compra para pagar em prestações mensais antes, e a criança dentro de mim estava assustada e precisou de tempo para reunir a coragem para assumir esse compromisso.

Exercício: Eu me amo

Imagino que você já esteja repetindo "Eu me aprovo" quase sem parar. Essa já é uma base poderosa. Continue assim por pelo menos um mês.

Agora pegue uma folha de papel e escreva no alto: "Eu me amo, portanto..."

Termine essa sentença das mais variadas maneiras que quiser. Releia diariamente tudo o que escreveu e acrescente coisas à medida que for lembrando.

Se puder trabalhar com um parceiro, faça-o. Os dois devem se dar as mãos e dizer alternadamente: "Eu me amo, portanto..." O melhor benefício extraído deste exercício é que se aprende que é quase impossível alguém se menosprezar quando diz que se ama.

Exercício: Tome posse do novo

Visualize-se ou imagine-se tendo, fazendo ou sendo o que quer, com todos os detalhes possíveis. Sinta, veja, saboreie, toque, ouça. Note a reação dos outros diante do seu novo estado. Faça com que tudo continue bem com você, sejam quais forem as reações das outras pessoas.

Exercício: Expanda seu conhecimento

Leia tudo o que possa expandir sua percepção e seu conhecimento sobre como a mente funciona. Existe um manancial de sabedoria à sua disposição. Este livro é apenas *um passo* no seu caminho para o crescimento interior! Procure outros pontos de vista. Ouça outras pessoas apresentarem as mesmas ideias com outras palavras. Estude em grupo por algum tempo, até estar pronto a ir além deles.

O que apresento aqui é trabalho para uma vida toda. Quanto mais você aprender, quanto mais praticar e aplicar, melhor você se sentirá, mais maravilhosa será sua vida. Executar tudo o que lhe ensino é algo que o faz *se sentir bem!*

Comece a demonstrar os resultados

Praticando o máximo deste método que lhe ensinei, e outros, você começará a mostrar os resultados do seu trabalho mental. Você verá pequenos milagres acontecerem em sua vida. As coisas que está pronto a eliminar irão embora por conta própria. O que você deseja surgirá em sua vida como se viesse do nada. Você obterá prêmios que jamais imaginou!

Fiquei surpresa e encantada quando, depois de alguns meses de trabalho mental, comecei a ter uma aparência mais jovem. Atualmente pareço dez anos mais nova do que há dez anos!

Ame quem e o que você é e o que você faz. Ria de si mesmo e da vida, e nada poderá tocá-lo. Tudo é temporário de qualquer maneira. Na próxima vida você vai agir de modo diferente mesmo, então por que não mudar suas atitudes agora?

Seria bom você ler um dos livros de Norman Cousins. Ele curou-se de uma moléstia fatal com risadas. Infelizmente, não modificou os padrões mentais que haviam criado essa doença, de modo que criou outra. No entanto, também usando o riso, ele curou-se de novo!

Você pode usar as mais variadas formas de se curar. Tente todas elas e depois fique com as que mais o atraem.

Quando for se deitar, feche os olhos e agradeça por tudo o que há de bom em sua vida. Isso lhe trará mais coisas boas.

Por favor, não ouça o noticiário do rádio ou da televisão antes de ir dormir. As notícias em geral não passam de uma lista de desastres e não é bom colocá-las dentro do seu estado de sonho.

Uma grande parte do trabalho de limpeza mental é feita enquanto sonhamos, e você pode pedir aos seus sonhos para ajudá-lo com qualquer problema que está resolvendo. Quase sempre você terá a resposta pela manhã.

Vá dormir em paz. Confie no processo da vida, sabendo que ele está ao seu lado e tomará conta de tudo para o seu mais alto bem e maior alegria.

Não há necessidade de criar um clima solene em torno do que você está fazendo. Tudo pode ser muito divertido, como se fosse uma brincadeira. Até mesmo a prática do perdão e da liberação do ressentimento pode ser bem-humorada. Só depende de você. Invente uma musiquinha sobre a pessoa ou situação mais difícil de desprender do seu interior, que, sendo engraçada, tornará todo o procedimento mais leve. Quando trabalho com meus clientes, trago risadas à sessão assim que é possível. Quanto mais rápido pudermos rir de uma situação, mais fácil será nos livrarmos dela.

Se você visse seus problemas representados num palco, numa comédia escrita por Neil Simon, riria de si mesmo até cair da cadeira. A tragédia e a comédia são a mesma coisa. Só depende do seu ponto de vista! “Oh, que tolos somos nós mortais!”

Faça o máximo possível para transformar seu processo de mudança em algo cheio de prazer e alegria. Divirta-se!

Na infinidade da vida onde estou, tudo é perfeito, pleno e completo. Eu me amparo e a vida me ampara. Vejo provas da Lei atuando em torno de mim e em todas as áreas de minha vida. Reforço o que aprendo da maneira mais alegre que encontro. Meu dia começa com gratidão e alegria. Espero com ansiedade e entusiasmo as aventuras do dia, sabendo que em minha vida "Tudo é bom". Amo quem sou e tudo o que faço. Sou a viva, amorosa e alegre expressão da vida. Tudo está bem no meu mundo.

PARTE 3

Pondo essas ideias para funcionar

10

RELACIONAMENTOS

Todos os meus relacionamentos
são harmoniosos.

Parece que a vida é feita de relacionamentos. Temos relações com tudo o que nos cerca. Agora, por exemplo, você está tendo uma relação com este livro e comigo e minhas ideias.

As relações que você tem com objetos, alimentos, clima, transporte e com pessoas refletem o relacionamento que você tem consigo mesmo, e este, por sua vez, é grandemente influenciado pelos relacionamentos que você, quando criança, teve com os adultos que o cercavam. Muitas vezes, o modo como os adultos reagiam conosco nessa época é o modo como reagimos conosco agora, tanto em termos positivos como negativos.

Pense por um instante nas palavras que você usa quando está se repreendendo. Não são as mesmas que seus pais usavam quando o censuravam? E como o elogiavam? Tenho certeza de que você usa os mesmos termos quando se elogia.

É possível que eles nunca o tenham elogiado, de modo que você não tem ideia de como se elogiar e, provavelmente, pensa que não possui nada digno de elogios. Não culpo seus pais por isso porque somos todos vítimas de vítimas. De maneira nenhuma eles poderiam lhe ensinar algo que não conheciam.

Sondra Ray, que faz um belíssimo trabalho com Renascimento e lida muito com relacionamentos, afirma que cada relacionamento importante que temos é reflexo do relacionamento que tivemos com um de nossos pais. Ela também diz que enquanto não "limparmos" aquele primeiro relacionamento não estaremos livres para criarmos exatamente o que queremos nos outros.

As relações são espelhos de nós mesmos. O que atraímos sempre reflete nossas qualidades ou nossas crenças sobre relacionamentos. Isso vale igualmente para um chefe, colega, amigo, empregado, amante, cônjuge ou filho. O que não gostamos nessas pessoas são coisas que nós mesmos fazemos ou desejaríamos fazer, ou então em que acreditamos. Nós não as atrairíamos ou as teríamos em nossa vida se elas de certa forma não nos complementassem.

Exercício: Nós e eles

> Por um instante, analise uma pessoa de sua vida que o perturba. Descreva três características dela das quais não gosta, coisas que você gostaria que mudassem
>
> Agora, analise-se profundamente e pergunte-se: "Onde sou exatamente da mesma forma, quando faço as mesmas coisas?"
>
> Feche os olhos e dê-se tempo para trabalhar nisso.

Em seguida, pergunte-se se *está disposto a mudar.* Quando você remover esses padrões, hábitos ou crenças do seu modo de pensar ou comportamento, a pessoa mudará ou sairá de sua vida.

Se você tem um chefe crítico e impossível de agradar, olhe para o seu interior. Seu comportamento, em algum nível, é igual ao dele ou então você tem uma crença do tipo: "Chefes vivem criticando e são impossíveis de agradar."

Se você tem um empregado que não obedece ou não trabalha a contento, procure no seu interior para ver onde você age da mesma forma e elimine esse padrão. Lembre-se de que despedir alguém é fácil demais e não "limpa" o padrão.

Se você tem um colega que não coopera e se recusa a participar ativamente da equipe, procure no seu interior para ver por que atraiu alguém assim. Onde você tem o hábito de não cooperar?

Se você tem um amigo desleal, que sempre o deixa na mão, olhe para dentro. Onde em sua vida você é desleal e quando costuma falhar com os outros? Essa, por acaso, é sua crença?

Se você tem um namorado pouco carinhoso, que até lhe parece distante, analise-se para ver se bem no seu interior não existe uma crença que se originou numa atitude de seus pais na sua infância, como: "O amor é frio e sem demonstrações."

Se você tem um cônjuge que está sempre reclamando e pouco o apoia, olhe de novo para suas crenças de infância. Um dos seus pais estava sempre reclamando e não dava apoio à família? Você é assim?

Se você tem um filho com hábitos que o irritam, garanto-lhe que são os seus próprios hábitos. As crianças aprendem imitando os adultos que as rodeiam. Ao esclarecer o que existe no seu interior, você descobrirá seu filho mudando automaticamente.

Esse é o *único* modo de mudar os outros – modificando-nos primeiro. Mude seus padrões e descobrirá que "eles" também estão diferentes.

A acusação é inútil. Acusar alguém é abrir mão de nosso poder. Mantenha o seu poder, pois sem ele não se pode fazer mudanças. A vítima indefesa não enxerga uma saída.

Atraindo o amor

O amor vem de onde menos se espera quando não se está procurando por ele. Sair à procura do amor nunca resulta na chegada do parceiro certo e só cria melancolia e infelicidade. O amor nunca está fora de nós, mas dentro de nós.

Não insista na chegada imediata do amor. Talvez você não esteja pronto para ele ou ainda não esteja desenvolvido o bastante para atrair o amor que deseja.

Não aceite qualquer um só para ter alguém. Estabeleça seu modelo. Que tipo de amor você quer atrair? Faça uma lista das qualidades que realmente deseja ter no relacionamento, desenvolva-as em você mesmo e verá como atrai uma pessoa que as possui.

Examine também o que pode estar mantendo o amor afastado. Seria a crítica? Sensação de ser indigno? Desejos pouco razoáveis? Imagens de artistas de cinema? Medo da intimidade? A crença de que você não merece amor?

Esteja pronto para o amor quando ele vier. Prepare o campo e apronte-se para nutri-lo. Sendo amoroso você será amado. Esteja sempre aberto e receptivo ao amor.

*Na infinidade da vida onde estou,
tudo é perfeito, pleno e completo.
Vivo em harmonia e equilíbrio com todos que conheço.
Bem no centro do meu ser existe uma fonte infinita de amor.
Agora deixo esse amor vir à tona.
Ele enche meu coração, meu corpo, minha mente,
minha consciência, todo o meu ser e irradia-se de
mim em todas as direções, voltando a mim multiplicado.
Quanto mais amor uso e dou, mais tenho para dar.
O suprimento é infinito. Sinto-me bem com o amor e essa
sensação é uma expressão de minha alegria interior.
Eu me amo. Portanto, cuido carinhosamente de meu corpo.
Amorosamente eu o alimento com comidas
e bebidas nutritivas. Amorosamente exercito e
arrumo meu corpo e ele, com carinho, me responde com saúde e
energia vibrantes. Eu me amo. Portanto,
dou-me um lar confortável, que atende minhas
necessidades e onde sinto prazer de morar. Encho
seus cômodos com a vibração do amor, e assim,
todos os que neles entram, eu inclusive, sentem
esse amor e por ele são nutridos. Eu me amo.
Portanto, trabalho no que realmente gosto de fazer, usando meus
talentos e habilidades criativas.
Trabalho para e com pessoas que amo e que me amam,
recebendo um bom pagamento pelos meus serviços.
Eu me amo. Portanto, ajo e penso de forma*

carinhosa com todos, pois sei que o que dou volta a mim multiplicado. Atraio somente pessoas carinhosas para o meu mundo, pois elas são um reflexo de mim. Eu me amo. Portanto, perdoo e liberto totalmente o passado e todas as experiências passadas. Eu estou livre. Eu me amo. Portanto, vivo plenamente o presente, vivenciando cada momento como bom e sabendo que meu futuro é brilhante, alegre e seguro, pois sou um filho amado do Universo e o Universo, com todo o amor, cuida de mim agora e para sempre. Tudo está bem em meu mundo.

11

TRABALHO

Sinto-me plenamente realizado com o que faço.

Não seria maravilhoso você poder fazer a afirmação acima? Se ela não é verdade para você, é possível que você esteja se limitando e pensando frases como:

Não suporto este emprego.
Odeio meu chefe.
Não ganho o suficiente.
Eles não gostam do meu trabalho.
Não me dou bem com meus colegas.
Não sei o que quero fazer na vida.

Esse é um modo de pensar negativo, defensivo. Aonde acha que chegará com ele? Agindo assim, você está abordando o assunto pelo lado errado.

Se você está num emprego de que não gosta, se quer mudar de cargo, se está tendo problemas no serviço ou está desempregado, o melhor modo de lidar com a situação é o seguinte:

Comece abençoando seu atual emprego com amor, conscientizando-se de que ele é apenas mais um degrau no seu caminho. Você encontra-se onde está por causa de seus próprios padrões de pensamento. Se "eles" não o estão tratando do modo como gostaria, existe um padrão na sua consciência que está atraindo esse comportamento. Assim, em sua mente, olhe tudo o que há no seu atual ou antigo emprego e o abençoe com amor – o prédio, o elevador, as escadas, as salas, os móveis e equipamentos, seus colegas, seus patrões, todos os clientes ou fregueses.

Afirme: "Eu sempre trabalho para chefes sensacionais." "Meu chefe me trata com respeito e cortesia." "Meu chefe é generoso e é fácil trabalhar com ele." Essas afirmações levarão à frente toda a sua vida e, se um dia você se tornar um chefe, terá essas qualidades.

Um rapaz ia começar num novo emprego e estava muito nervoso. Lembro-me de que eu lhe disse: "E por que você não vai se sair bem? *Claro* que será bem-sucedido. Abra seu coração e deixe seus talentos fluírem. Abençoe a firma, as pessoas que trabalharão com você, seus patrões e todos os que usam o serviço da empresa. Assim, tudo dará certo."

Meu cliente fez exatamente isso e teve um grande êxito no emprego.

Se você quer trocar de emprego, comece afirmando que entrega o seu cargo atual com amor para a próxima pessoa que vai ocupá-lo. Saiba que existem outros querendo exatamente o que você tem a oferecer e que vocês estão sendo aproximados no tabuleiro da vida pela Inteligência Universal.

Afirmação para conseguir trabalho

"Estou totalmente aberto e receptivo a um ótimo cargo novo, um que usa todos os meus talentos e capacidades e me permite expressar-me de forma criativa de maneira que me gratificarão. Trabalho para e com pessoas que amo e que me amam e respeitam, numa localização esplêndida e ganhando um bom dinheiro."

Se no lugar onde você trabalha existe alguém que o perturba, abençoe-o cada vez que pensar nele. Em cada um de nós existem todas as qualidades possíveis. *Embora possamos escolher não imitá-los, todos nós temos o potencial para sermos um Hitler ou uma Madre Teresa de Calcutá.* Se a pessoa em questão está sempre criticando-o, comece a afirmar que ela é amorosa e lhe faz elogios. Se é emburrada, afirme que ela é alegre e divertida como colega. Se é cruel, afirme que ela é gentil e cheia de compaixão. Se você vir apenas as boas qualidades da pessoa, serão elas as demonstradas em relação a você, mesmo que o comportamento com outros seja diferente.

Exemplo

Um cliente meu arranjou emprego como pianista num clube cujo dono era famoso pela sua grosseria e mesquinhez, a ponto de os outros funcionários o terem apelidado de "Sr. Morte". O rapaz pediu-me para ajudá-lo a lidar com a situação. Eu respondi:

– Dentro de todas as pessoas existem todas as boas qualidades. Não ligue para o modo como os outros reagem a esse homem, isso não tem nada a ver com você. Sempre que pensar nele, abençoe-o com amor. Afirme constantemente: "Sempre trabalho para chefes sensacionais." Repita sem parar.

Ele seguiu meu conselho à risca e começou a receber calorosos elogios do seu patrão, que, além disso, logo passou a lhe dar gratificações e a contratá-lo para tocar em vários outros clubes. Os demais empregados, que continuavam enviando pensamentos negativos ao patrão, ainda eram maltratados.

Se você gosta do seu emprego, mas acha que não está ganhando o bastante, passe a abençoar seu atual salário com amor. Expressar gratidão pelo que já temos o permite crescer. Afirme que agora você está abrindo sua consciência para uma prosperidade maior e que *parte* dela é um aumento no seu salário. Afirme que você merece um pagamento maior porque é um ótimo funcionário da empresa e seus proprietários estão dispostos a compartilhar seus lucros com você. Ao mesmo tempo, continue trabalhando o melhor possível, pois então o Universo saberá que você está pronto para ser elevado a um outro e melhor cargo.

Sua consciência o pôs onde você está agora e ela ou o manterá lá ou o levará a um emprego melhor. Só depende de você.

Na infinidade da vida onde estou, tudo é perfeito, pleno e completo. Meus singulares talentos e habilidades criativas fluem através de mim e se expressam das maneiras mais gratificantes. Existem pessoas lá fora sempre procurando pelos meus serviços. Sou sempre requisitado e posso escolher o que quero fazer. Ganho bem trabalhando no que me satisfaz. Meu trabalho é uma alegria e um prazer. Tudo está bem no meu mundo.

12

SUCESSO

Toda experiência é um sucesso.

Afinal, o que significa "fracasso"? Talvez signifique que algo não saiu da forma que você queria ou esperava? A lei da experiência é sempre perfeita. O que pensamos, criamos com perfeição. Você deve ter pulado uma etapa ou tem uma crença interior que lhe disse que você não merecia o sucesso ou o faz se sentir indigno dele.

O mesmo acontece quando trabalho com meu computador. Se algo sai errado, a culpa é só minha. Eu fiz ou não fiz alguma coisa que consta das leis do computador. O erro apenas significa que tenho mais a aprender.

Existe grande verdade no velho conselho que diz: "Se você não for bem-sucedido no início, tente, tente de novo." Todavia, isso não significa se maldizer e tentar da mesma forma que não deu certo, mas reconhecer o erro e procurar fazer de um outro jeito – até se aprender o modo correto.

Creio que temos o direito natural de progredir de sucesso em sucesso, e se isso não está ocorrendo é porque não estamos afinados com nossas capacidades inatas, não acreditamos que isso seja válido para nós ou não tomamos consciência de nossos êxitos.

Quando estabelecemos modelos elevados demais para o ponto em que estamos no momento, que de forma alguma podem ser atingidos agora, sempre fracassamos.

Quando uma criança está aprendendo a andar ou falar, nós a incentivamos e elogiamos a cada pequena conquista que alcança. Ela reage com alegria e tenta ansiosamente fazer melhor na próxima vez. É assim que você se incentiva quando está aprendendo algo de novo? Ou será que torna tudo mais difícil de aprender porque diz a si mesmo que é burro, desajeitado ou um "fracasso"?

Muitos atores e atrizes acham que têm de desempenhar seus papéis com perfeição desde o primeiro ensaio, então eu os faço lembrar que o propósito do ensaio é o aprendizado. Ele é o período de tempo em que erros podem ser cometidos, em que se procura aprender e tentar novas maneiras. Somente com a prática podemos aprender o novo e transformá-lo numa parte natural de nós. Quando observamos um exímio profissional atuando numa determinada área, estamos olhando para inúmeras horas de treinamento.

Não faça o que eu costumava fazer – recusar-me a tentar qualquer coisa nova por não saber como executá-la e porque não queria parecer tola. Aprender é cometer erros até que nosso subconsciente junte as peças para formar o quadro correto.

Não importa há quanto tempo você vem se considerando um fracasso. Comece a criar um padrão "sucesso" agora. Seja qual for a área em que você atue, os princípios são os mesmos. Precisamos plantar as "sementes" do sucesso. Elas germinarão e resultarão numa colheita abundante.

Vamos a algumas afirmações de sucesso que você pode usar:

A Divina Inteligência me dá ideias e posso usar todas elas.
Tudo o que toco se transforma num sucesso.
Existe abundância para todos, inclusive para mim.
Existem inúmeros consumidores para o que produzo.
Estabeleço uma nova consciência do sucesso.
Entro para o Círculo dos Vencedores.
Sou um ímã que atrai a Divina Prosperidade.
Sou abençoado muito além dos meus maiores sonhos.
Riquezas de todo tipo vêm a mim.
Oportunidades de ouro estão à minha espera em todos os lugares.

Escolha uma das afirmações acima e repita-a por vários dias. Depois, escolha outra e faça o mesmo. Deixe essas ideias se imprimirem em sua consciência. Não se preocupe com "como" vai conseguir, as oportunidades surgirão no seu caminho. Confie na inteligência interior, sabendo que ela o orientará e conduzirá. Você merece ser um sucesso em todas as áreas de sua vida.

Na infinidade da vida onde estou, tudo é perfeito, pleno e completo. Sou uno com o Poder que me criou. Tenho dentro de mim todos os ingredientes do sucesso. Agora permito que a fórmula do sucesso flua através de mim e se manifeste em meu mundo. Tudo o que sou guiado a fazer se transforma em sucesso. Aprendo com todas as experiências. Progrido de sucesso em sucesso e de glória em glória. Meu caminho é uma escada que leva a cada vez mais sucesso. Tudo está bem no meu mundo.

13

PROSPERIDADE

Mereço o melhor e aceito o melhor agora.

Se você quer ver a afirmação acima manifestada em sua vida, não acredite mais em quaisquer das declarações que se seguem:

Dinheiro não cresce em árvores.
O dinheiro é sujo e nojento.
O dinheiro é mau.
Sou pobre, mas limpo/bom.
Os ricos são trapaceiros.
Não quero dinheiro para me transformar num grã-fino convencido.
Nunca conseguirei um bom emprego.
Nunca conseguirei ganhar dinheiro.
O dinheiro sai mais rápido do que entra.
Estou sempre cheio de dívidas.
Os pobres nunca saem da lama.
Meus pais eram pobres e serei pobre também.
Artistas têm de lutar para viver.

Só desonestos têm dinheiro.
Todos os outros vêm primeiro.
Não posso cobrar tudo isso.
Eu não mereço.
Não sou bom em ganhar dinheiro.
Nunca conto a ninguém o quanto tenho guardado no banco.
Não empreste dinheiro.
De grão em grão a galinha enche o papo.
Economize para um dia difícil.
Sinto raiva dos que têm dinheiro.
O dinheiro só vem com trabalho duro.

Quantas dessas crenças também são suas? Por acaso acha que acreditando nelas você terá prosperidade?

Todas essas declarações fazem parte de um velho e limitado modo de pensar e possivelmente refletem o que sua família acreditava sobre dinheiro, porque essas crenças familiares ficam para sempre conosco a não ser que conscientemente nos libertemos delas. No entanto, seja qual for sua origem, elas têm de sair de sua cabeça se você quiser prosperar.

Para mim, a verdadeira prosperidade começa com o se sentir bem consigo mesmo. Também é a liberdade de se fazer o que quer, quando se quer. Não se trata jamais de uma quantia de dinheiro, mas de um estado de espírito. A prosperidade ou sua falta é uma expressão exterior das ideias que estão em sua cabeça.

O merecimento

Se não aceitamos a ideia de que "merecemos" prosperar, acabaremos recusando a abundância mesmo que ela caia em nosso colo. Veja este exemplo:

Um aluno meu estava trabalhando para aumentar sua prosperidade. Numa certa noite, ele chegou à aula todo entusiasmado, pois acabara de ganhar 500 dólares e ficou dizendo: "Mal consigo acreditar! Nunca ganho nada!" Logo vimos que o que falava era um reflexo da consciência que ele tentava mudar. Meu aluno ainda não sentia que merecia realmente o dinheiro. Pois bem, na semana seguinte ele não pôde vir à aula porque havia fraturado a perna. A conta do ortopedista foi de 500 dólares.

Esse meu aluno ficara com medo de "ir em frente" numa nova e próspera direção por não se achar merecedor, de modo que se puniu dessa maneira.

Tudo aquilo em que nos concentramos aumenta, por isso não se concentre em suas contas a pagar. Pensando apenas em escassez e dívidas, você criará mais escassez e dívidas.

Existe um inesgotável suprimento de abundância no Universo. Comece tomando consciência dele. Reserve alguns minutos do seu tempo para contar as estrelas numa noite clara, os grãos de areia num punhado, as folhas numa árvore, os pingos de chuva numa vidraça e você terá uma ideia desse manancial infinito. Pense de novo nas sementes de um tomate. Cada uma delas é capaz de dar origem a outra planta, com um número ilimitado de frutos. Abençoe o que você possui e o verá aumentar. Gosto de abençoar com amor tudo o que existe em minha vida agora: meu lar, móveis, eletrodomésticos, água, luz, telefone, encanamento, aquecimento, roupas, transporte, trabalho, o dinheiro que possuo e minha capacidade de ver, sentir, saborear, tocar, andar e desfrutar tudo o que há neste formidável planeta.

Nossa crença na escassez e limitação é a única coisa que nos limita.

Qual crença o está limitando? Você deseja ter dinheiro só para ajudar os outros? Então está afirmando que é indigno de prosperidade.

Certifique-se de que não está rejeitando a prosperidade agora. Se um amigo o convidar para um almoço ou jantar, aceite com alegria e prazer, evitando pensar que você vai ter de retribuir. Se ganhar um presente, aceite-o graciosamente, sem pensar que "presente é troca". Se não puder usá-lo, passe-o para outra pessoa. Mantenha o fluxo dos acontecimentos passando através de você. Quando receber alguma coisa, só sorria e agradeça. Assim o Universo saberá que você está pronto para receber tudo o que é bom.

Abra espaço para o novo

Livre-se do velho para abrir lugar para o novo. Limpe a geladeira, livre-se de todas aquelas sobras embrulhadas em papel alumínio. Arrume os armários, livre-se de tudo o que você não usou nos últimos seis meses e principalmente do que não usa há anos. Venda, troque, dê ou queime essas coisas.

Armários atulhados significam uma mente atulhada. Enquanto vai limpando o armário, diga a si mesmo: "Estou arrumando os armários de minha mente". O Universo adora gestos simbólicos.

A primeira vez em que ouvi a afirmação: "A abundância do Universo está à disposição de todos", achei-a simplesmente ridícula e disse a mim mesma: "Olhe só para os pobres. Olhe só minha própria pobreza aparentemente irremediável". Ouvir alguém afirmar que a pobreza é só uma crença em nossa consciência só servia para me deixar furiosa. Levei anos para perceber e aceitar que eu era a única pessoa responsável pela minha falta de prosperidade, pois abrigava em minha consciência que eu era "indigna" e "não merecedora". Tinha crenças como "O dinheiro vem com dificuldade" e "Não tenho talentos e habilidades", que me mantinham empacada no sistema mental de "não possuir".

O dinheiro é a coisa mais fácil de se manifestar! Como você reagiu a essa afirmação? Acreditou nela? Está com raiva? Ficou indiferente? Está com vontade de atirar este livro bem longe? Se teve uma dessas reações, *ótimo*! Significa que toquei em algo no seu interior, aquele ponto de resistência à verdade. Essa é a área que precisa ser trabalhada. Chegou a hora de você se abrir ao potencial de receber o fluxo do dinheiro e de tudo o que existe de bom.

Ame suas contas e prestações

É essencial pararmos de nos preocupar com dinheiro e de sentir raiva de nossas contas. Muitas pessoas as tratam como castigos que devem ser evitados. Ora, uma conta é o reconhecimento de nossa capacidade de pagar, pois o credor parte da hipótese de que temos meios suficientes e nos dá o produto ou serviço antes de receber.

Eu costumo abençoar todas as contas que chegam à minha casa. Abençoo com amor e dou um beijinho em cada cheque que assino. Quando se paga com raiva, o dinheiro custa a voltar. Pagando-se com amor e alegria, abre-se o canal da abundância. Trate seu dinheiro como um amigo, não como algo que se amassa e se esconde dentro do bolso.

Sua segurança não é seu emprego, seu saldo bancário, seus investimentos, seu cônjuge ou seus pais. Sua segurança é sua capacidade de se ligar com o poder cósmico que tudo cria.

Gosto de pensar que o poder dentro de mim, o que respira dentro de mim, é o mesmo que fornece tudo o que preciso com a mesma simplicidade e facilidade. O Universo é pródigo e abundante, e temos o direito natural de recebermos tudo o que necessitamos, o que só não acontece quando acreditamos no contrário.

Abençoo meu telefone cada vez que o uso e afirmo com frequência que ele me traz apenas prosperidade e expressões de amor. Faço o mesmo com minha caixa de correspondência e diariamente a encontro cheia de dinheiro e cartas carinhosas de amigos, clientes e leitores. Regozijo-me diante das contas, agradecendo pelas companhias que confiaram em mim. Abençoo minha campainha e a porta de entrada de minha casa, sabendo que só o bem entrará por elas. Espero que minha vida seja boa e alegre, e ela é.

Essas ideias são para todos

Ela era uma prostituta e queria ganhar mais, de modo que me procurou para uma sessão de prosperidade. Achava que era boa em sua profissão e desejava ter um rendimento anual de

100 mil dólares. Dei-lhe as mesmas ideias que estão neste livro e logo ela estava comprando porcelanas chinesas, pois passava muito tempo dentro de casa e assim podia apreciar a beleza dos seus investimentos enquanto eles subiam de valor.

Regozije-se com a boa sorte dos outros

Não adie sua prosperidade tendo raiva ou inveja dos que possuem mais do que você. Não critique o modo como escolhem gastar seu dinheiro, pois você não tem nada com isso.

Cada pessoa está sob a lei da sua própria consciência, por isso, cuide apenas dos *seus* pensamentos. Abençoe a boa sorte dos outros, sabendo que há abundância para todos.

Você não dá gorjetas, trata com altivez os que o servem? Ignora os porteiros do seu prédio ou escritório no Natal? Economiza centavos comprando alimentos menos frescos? Compra produtos usados? Sempre pede o prato mais barato do cardápio?

Existe a lei da "procura e oferta". A procura vem primeiro. O dinheiro tem seu jeito de ir aonde ele é necessário. A mais pobre das famílias sempre consegue juntar dinheiro para um enterro.

Visualização — Um oceano de abundância

Sua consciência de prosperidade não depende de dinheiro. Seu fluxo de dinheiro é que depende da sua consciência de prosperidade.

Quanto mais você imaginar, mais terá em sua vida.

Gosto muito desta visualização: imagine que você está numa praia, olhando para o mar, sabendo que esse oceano é a abundância à sua disposição. Olhe para suas mãos e veja que tipo de recipiente você está segurando. É uma colher de chá, um dedal furado, uma xícara, um copo, um jarro, um balde, uma banheira? Não seria melhor ter um encanamento ligado a esse mar de abundância? Olhe à sua volta e repare que por mais pessoas que estejam ao seu lado, por maiores que sejam seus recipientes, há muito para todos. Você não pode roubar ninguém, ninguém pode roubá-lo. E de forma nenhuma vocês todos podem secar o oceano.

Lembre-se de que seu recipiente é sua consciência e que ele sempre pode ser trocado por um maior. Faça esse exercício com frequência para se impregnar com a sensação de expansão e suprimento ilimitado.

Abra os braços

Pelo menos uma vez por dia sento-me com os braços bem abertos e digo: "Estou aberta e receptiva a todo o bem e abundância do Universo." Isso me dá uma sensação de expansão.

O Universo só pode me dar o que tenho em minha consciência e eu *sempre* posso criar mais nela. É como se eu estivesse lidando com um banco cósmico. Faço depósitos mentais aumentando a percepção de minhas capacidades de criar. A meditação, as terapias e as afirmações são depósitos, portanto é bom nos habituarmos a fazer depósitos diários.

Ter mais dinheiro não é o suficiente, precisamos também desfrutá-lo. Você sempre se permite ter prazer com o dinheiro?

Não? Por quê? Uma parte do que você recebe pode ser usada só para lhe dar prazer. Você se divertiu com parte do dinheiro que recebeu no mês passado? Por que não? Que velha crença o está impedindo? Livre-se dela.

O dinheiro não precisa ser um assunto sério em sua vida. Olhe-o dentro da sua verdadeira perspectiva. O dinheiro nada mais é do que um meio de se fazer trocas. O que você faria e o que você teria se você não precisasse de dinheiro?

Jerry Gilles, que escreveu *Moneylove,* um dos melhores livros que conheço sobre a prosperidade, diz que devemos criar uma "multa de pobreza" para nós mesmos. Cada vez que pensamos ou dizemos algo negativo sobre nossa situação financeira, devemos nos multar numa certa quantia e guardar o dinheiro numa caixa. No final da semana, temos de gastá-lo em diversão.

Precisamos dar uma boa sacudidela nos nossos conceitos sobre dinheiro. Já aprendi que é muito mais fácil dar um seminário sobre sexualidade do que sobre dinheiro. As pessoas ficam muito bravas quando suas crenças sobre dinheiro são contestadas. Mesmo os que procuram um seminário querendo desesperadamente criar mais dinheiro em suas vidas se enfurecem quando tento modificar suas crenças limitativas.

"Estou disposto a mudar. Estou disposto a soltar todas as crenças negativas." Às vezes temos de repetir intensamente essas afirmações para abrir espaço para começarmos a criar a prosperidade.

Precisamos nos libertar da mentalidade de "renda fixa". Não limite o Universo insistindo que você tem *apenas* um determinado salário ou renda, pois ele não passa de um *canal.* O salário *não é sua fonte.* O que você recebe vem de um único manancial: o Universo.

Existe um número infinito de canais. Devemos nos abrir a eles. Precisamos aceitar na nossa consciência que o suprimento pode vir de todo e qualquer lugar. Se ao andarmos pela rua encontramos uma moedinha, devemos agradecer à fonte. A quantia é pequena, mas novos canais estão começando a se abrir.

Estou aberto e receptivo a novas vias de entrada de renda.

Agora recebo o bem de fontes esperadas e inesperadas.

Sou um ser ilimitado aceitando de um manancial ilimitado, de maneira ilimitada.

Regozije-se com os pequenos novos começos

Quando trabalhamos para aumentar a prosperidade, sempre ganhamos de acordo com nossas crenças sobre o que merecemos. Uma escritora estava interessada em aumentar sua renda. Uma de suas afirmações era: "Estou ganhando um bom dinheiro como escritora." Três dias depois, ela foi a uma lanchonete que costumava frequentar. Sentou-se a uma mesa e colocou sobre ela algumas folhas em que estava trabalhando. O gerente aproximou-se dela e perguntou: "A senhora é escritora, não? Quer escrever uma coisa para mim?"

Em seguida ele trouxe vários cartões em branco e pediu para essa moça escrever *Almoço Especial de Peru* $3.95 em cada um deles, oferecendo-lhe o almoço em troca.

Esse pequeno evento mostrou à escritora o início de sua mudança de consciência e ela continuou vendendo seus trabalhos.

Reconheça a prosperidade

Comece a reconhecer a prosperidade em todos os lugares e alegre-se com isso. O reverendo Ike, famoso evangelista de Nova York, lembra-se da época em que era um pobre pregador e costumava passar por bons restaurantes, residências, automóveis, lojas de roupas, dizendo: "Isto é para mim, isto é para mim." Siga seu exemplo e permita que casas de luxo, bancos, iates, lojas finas de todos os tipos lhe deem prazer. Reconheça que tudo isso é parte da sua abundância, pois assim estará aumentando a consciência de compartilhar dessas coisas, se for esse seu desejo. Quando você encontrar pessoas bem-vestidas, pense: "Não é formidável possuírem tanto? Existe abundância para todos nós."

Lembre-se de que não devemos querer apenas o bem para os outros. Devemos desejar o que é bom para *nós* também.

Todavia, não possuímos nada, pois só fazemos uso de nossas posses por um período de tempo até elas passarem para outras pessoas. Às vezes um objeto ou propriedade pode ficar numa mesma família por várias gerações, mas mais cedo ou mais tarde ela passará para outros. Existem um ritmo e um fluxo naturais na vida. As coisas vêm, as coisas vão. Acredito que quando algo se vai é apenas para abrir espaço para algo novo e melhor.

Aceite elogios

Muitas pessoas querem ser ricas e bem-sucedidas, mas recusam-se a receber elogios. Conheço atores e atrizes principiantes que desejam se tornar "estrelas", mas constrangem-se diante de elogios.

Congratulações são presentes da prosperidade. Aprenda a aceitá-las com graciosidade. Minha mãe bem cedo me ensinou a sorrir e dizer "obrigada" quando eu recebia um presente ou elogio e esse hábito tem sido muito útil em minha vida.

Melhor ainda é aceitar a congratulação e retribuí-la, o que ajuda a manter em movimento o fluxo do que é bom.

Rejubile-se com a abundância de poder acordar cada manhã e experimentar um novo dia. Alegre-se por estar vivo, com saúde, por ter amigos, ser criativo e um exemplo vivo do prazer de viver. Aproveite o máximo da sua consciência mais elevada. Desfrute do seu processo de transformação.

Na infinidade da vida onde estou, tudo é perfeito, pleno e completo. Sou uno com o Poder que me criou. Estou totalmente aberto e receptivo ao fluxo abundante de prosperidade que o Universo oferece. Todos os meus desejos e necessidades são atendidos antes mesmo de eu pedir. Sou divinamente guiado e protegido, e faço escolhas benéficas para mim. Rejubilo-me com o sucesso dos outros, sabendo que há muito para todos nós. Estou constantemente aumentando minha percepção consciente da abundância e isso se reflete numa renda sempre crescente. O que é bom para mim vem de tudo e todos. Tudo está bem em meu mundo.

14

O CORPO

Ouço com amor as mensagens de meu corpo.

Acredito que criamos todas as "doenças" de nosso corpo. Ele, como tudo o mais na vida, é um reflexo dos nossos pensamentos e crenças interiores. O corpo está sempre falando conosco, só precisamos parar para ouvi-lo. Cada célula sua reage a cada pensamento que você tem e cada palavra que fala.

Modelos contínuos de pensar e falar geram posturas, comportamentos, confortos ou desconfortos no corpo. A pessoa que tem um rosto sempre sombrio não criou essa condição tendo pensamentos alegres e carinhosos. Os rostos e corpos das pessoas idosas revelam claramente os padrões de pensamento de toda uma vida. Qual será sua aparência quando você for velho?

Estou incluindo nesta seção minha lista de Prováveis Padrões Mentais que criam doenças no corpo, bem como os Novos Padrões de Pensamento ou Afirmações que devem ser usados para criar a saúde. Eles também estão no meu livro *Cure seu corpo.* Antes disso, vou analisar algumas das condições mais comuns para lhe dar uma ideia de como criamos esses distúrbios.

Quero esclarecer que o padrão mental nem sempre é cem por cento verdade para todos. No entanto, ele lhe fornece um ponto de referência para iniciar a busca pela causa da doença. Muitas pessoas que trabalham com terapias de cura alternativas usam meu livro *Cure seu corpo* para analisar seus clientes e confirmam que as causas mentais têm uma incidência de 90 a 95 por cento.

A cabeça nos representa. Ela é o que mostramos ao mundo e é por ela que geralmente somos reconhecidos. Quando algo está errado na área da cabeça, quase sempre significa que sentimos que há algo de muito errado conosco.

Os *cabelos* representam a força. Quando estamos tensos e assustados, muitas vezes criamos aquelas verdadeiras faixas de aço que se originam nos músculos do ombro, sobem para o alto da cabeça e atingem até os olhos. Quando existe muita tensão no couro cabeludo, o sangue não consegue irrigar adequadamente os folículos pilosos, que dão origem aos fios de cabelo. Se essa tensão é continuada e o couro cabeludo fica constantemente contraído, não há crescimento de novos fios. O resultado disso é calvície.

A calvície feminina vem aumentando desde que as mulheres começaram a ingressar no "mundo dos negócios", com todas as suas tensões e frustrações, e cada vez mais elas estão procurando tratamentos e artifícios para disfarçar o problema.

Ser tenso não é ser forte. A tensão é fraqueza. Estar relaxado, centrado e em paz é na verdade estar forte e seguro. Seria bom para todos nós relaxarmos mais nosso corpo, e muitos precisam também relaxar o couro cabeludo.

Tente agora. Deixe seu couro cabeludo relaxar e perceba se você sente uma diferença. Se notou um relaxamento perceptível, procure fazer este pequeno exercício com constância.

Os *ouvidos* representam a capacidade de ouvir. Distúrbios nos ouvidos geralmente significam que está acontecendo algo em sua vida que você não quer ouvir. Uma dor de ouvido indicaria que existe raiva do que está sendo escutado.

Dores de ouvido são comuns em crianças. Elas muitas vezes têm de escutar coisas em seu lar que na verdade não querem ouvir. Em geral as regras da família proíbem a expressão da raiva da criança, e ela, por causa da sua incapacidade de mudar o que a desagrada, cria uma dor de ouvido.

A surdez representa uma recusa continuada a ouvir alguém. Repare que em determinados casais, quando um usa aparelho de surdez, o seu cônjuge fala muito.

Os *olhos* representam a capacidade de ver. Quando existem distúrbios nos olhos, geralmente há algo que não queremos ver, seja em nós mesmos ou em nossa vida, presente, passada e futura.

Sempre que vejo crianças pequenas usando óculos sei que está acontecendo algo em sua casa que elas não querem enxergar. Como não podem modificar a experiência, tornam a vista difusa para não ter de vê-la claramente.

Muitas pessoas tiveram curas dramáticas na vista quando se dispuseram a voltar ao passado e dissolveram o que não quiseram ver um ou dois anos antes de começarem a usar lentes.

Você está negando o que está acontecendo agora? O que não deseja enfrentar cara a cara? Tem medo de ver o presente ou o futuro? Se você pudesse ver claramente sem óculos, o que enxergaria que não enxerga agora? Você pode ver o que está fazendo a si mesmo?

Perguntas interessantes de serem analisadas.

Dores de cabeça resultam da falta de autovalorização. Na próxima vez em que você tiver uma dor de cabeça, pergunte-se em que acha que errou. Perdoe-se, deixe o erro ir e a dor de cabeça se dissolverá no nada, que é de onde ela veio.

Enxaquecas são criadas por pessoas que querem ser perfeitas e criam muita pressão em torno de si. Há muito de raiva reprimida envolvida. As enxaquecas quase sempre podem ser aliviadas pela masturbação, se ela for feita logo nos primeiros sinais. A descarga sexual dissolve a tensão e a dor. Você talvez não sinta vontade de se masturbar nessa hora, mas vale a pena tentar. Ninguém sairá perdendo.

Distúrbios nos *seios paranasais,* que atingem bem a frente do rosto, perto do nariz, representam irritação com alguém de sua vida, alguém muito próximo. Você pode até sentir que está sendo espezinhado por essa pessoa.

Esquecemos que criamos as situações e então abrimos mão de nosso poder culpando outra pessoa pela nossa frustração. Ninguém, nenhum lugar, nada tem nenhum poder sobre nós, pois "nós" somos o único "pensador" em nossa mente. Criamos nossas experiências, nossa realidade e todos que estão nela. Quando criamos paz, harmonia e equilíbrio em nossa mente, encontramos o mesmo em nossa vida.

O *pescoço* e a *garganta* são fascinantes porque a maior parte das "coisas" acontece ali. O pescoço representa a capacidade de ser flexível no pensamento, ver o outro lado da questão e entender o ponto de vista de outros. Quando há problemas no pescoço, em geral estamos sendo teimosos em nosso conceito sobre uma situação.

Sempre que vejo alguém usando um "colar" ortopédico sei que essa pessoa está convencida do seu ponto de vista sobre uma questão e teima em não ver o outro lado.

A propósito, Virginia Satir, a brilhante terapeuta familiar, diz que fez uma "pesquisa boba" e descobriu que existem mais de 250 maneiras diferentes de se lavar a louça, dependendo de quem lava ou dos produtos utilizados. Então, quando nos prendemos à crença de que há apenas "um jeito" ou "um ponto de vista", estamos deixando de fora muitas coisas boas em nossa vida.

A *garganta* representa nossa capacidade de "falar em favor de nós mesmos", "pedir o que queremos", dizermos "eu sou" etc. Quando temos problemas na garganta, em geral significa que não nos sentimos no direito de expressarmos essas coisas. Não estamos à vontade para defendermos a nós mesmos.

Garganta inflamada é sempre sinal de raiva. Quando há também um resfriado, existe confusão mental junto com ela. A *laringite* em geral significa que você está tão bravo que não consegue falar.

A garganta também representa o fluxo criativo no corpo. É nela que expressamos a criatividade. Quando nossa criatividade está sufocada ou frustrada, temos constantemente problemas de garganta. Isso acontece também com pessoas que vivem só para os outros, nunca fazendo o que querem, sempre tentando agradar a mães, pais, cônjuges ou chefes. *Amigdalite* ou distúrbios da *tireoide* refletem criatividade frustrada por não se poder fazer o que se quer.

O centro energético da garganta, o quinto chacra, é o lugar do corpo onde ocorrem as mudanças. Quando estamos resistindo a elas, no meio delas ou tentando mudar, muitas vezes temos muita atividade na garganta. Repare quando você tosse, ou quando outra pessoa tosse. O que acabou de ser dito? A que estamos reagindo? Trata-se de resistência e teimosia, ou o processo de mudança está em andamento? Nos meus cursos, uso a tosse como instrumento para a autodescoberta. Sempre que alguém tosse, faço com que ele toque a garganta e diga em voz alta: "Estou disposto a mudar" ou "Estou mudando".

Os *braços* representam nossas habilidades e a capacidade de abraçar as experiências da vida. A parte superior do braço está ligada à nossa capacidade, enquanto o antebraço está ligado às habilidades. Guardamos velhas emoções em nossas juntas e os cotovelos representam nossa flexibilidade em mudar de direção. Você aceita com flexibilidade mudar o rumo de alguma coisa em sua vida ou velhas emoções o estão mantendo arraigado num único lugar?

As *mãos* agarram, seguram, apertam. Deixamos coisas nos escapar pelos dedos. Às vezes seguramos demais. Temos mão boa, somos mão fechada, mão aberta. Damos uma mão a alguém, andamos de mãos dadas, está à mão ou fora de mão, temos mão pesada ou mão leve. Alguns têm mãos abençoadas.

As mãos podem ser delicadas ou duras, com nós pronunciados por se pensar demais ou deformados pela crítica artrítica. As mãos em garra se originam do medo, medo da perda, medo de nunca ter o suficiente, medo de aquilo não ficar se não for segurado com força.

Agarrar-se a um relacionamento só faz o parceiro fugir em desespero. Mãos cerradas não podem pegar nada de novo. Soltar os braços e sacudir as mãos como para secá-las nos traz uma sensação de relaxamento e abertura.

Aquilo que lhe pertence não pode ser tirado, por isso relaxe.

Os cinco *dedos* têm seus próprios significados. Problemas nos dedos mostram onde você precisa relaxar e soltar. Se você cortou o indicador provavelmente existe raiva e medo relacionados com seu ego em alguma situação atual. O polegar é mental e representa a preocupação. O indicador é o ego e o medo. O dedo médio está relacionado com o sexo e com a raiva. Quando você estiver com raiva, segure o dedo anular e veja-a se dissolver. Segure o dedo direito se estiver com raiva de um homem e o esquerdo se for de uma mulher. O dedo anular tem a ver com as uniões e o pesar. O mínimo está relacionado com a família e com o fingimento.

As *costas* representam nosso sistema de apoio. Problemas nas costas geralmente significam que estamos carentes de apoio. É frequente pensarmos que contamos apenas com o apoio de nossa família ou cônjuges, porém, na realidade, contamos com o apoio total do Universo, da Vida em si.

A parte superior das costas está relacionada com a sensação de carência de apoio emocional. Meu marido/esposa/namorado/amigo/chefe não me compreende ou não me apoia.

A parte média das costas está relacionada com a culpa. Tudo aquilo que está atrás de nós. Você tem medo de ver o que está lá ou está escondendo o que está lá? Você se sente apunhalado pelas costas?

Você acha que está realmente "na pior"? Suas finanças estão uma bagunça ou então você se preocupa demais com elas? Então pode ser que a parte inferior de suas costas o esteja perturbando por causa da falta de dinheiro ou medo de não tê-lo. A quantia que você tem não importa.

Um número muito grande de pessoas crê que o dinheiro é a coisa mais importante da vida e que não conseguiríamos sobreviver sem ele. Não é verdade. Existe algo muito mais importante e precioso para nós, sem o qual não poderíamos viver. O quê? A respiração.

O ar que respiramos é a substância mais preciosa de nossa vida e, no entanto, tomamos como certo que depois que exalarmos esse ar continua ali para inspirarmos de novo. Se não respirássemos outra vez, não duraríamos mais do que três minutos. Ora, se o Poder que nos criou deu-nos a respiração e o ar para durar o tempo que vivermos, não podemos confiar que tudo o mais de que necessitamos também nos será fornecido?

Os *pulmões* representam nossa capacidade de sugar e expelir a vida. Problemas nos pulmões geralmente significam que temos medo de absorver a vida ou então que não nos achamos no direito de viver plenamente.

As mulheres sempre tiveram a tendência de não respirar fundo e muito frequentemente pensaram em si mesmas como cidadãs de segunda classe que não tinham o direito de reivindicar espaço e às vezes nem de viver. Hoje em dia tudo isso está mudando. As mulheres estão tomando seu lugar na sociedade e respirando mais fundo e completamente.

Fico satisfeita ao ver mulheres praticando esportes. Claro, elas sempre trabalharam duro, no campo ou em suas casas. Todavia, esta é a primeira vez na história, pelo que sei, que tantas delas estão se dedicando a esportes e exercícios físicos. E maravilhoso ver os corpos magníficos que estão emergindo.

O enfisema e o tabagismo são modos de negar a vida. Eles mascaram uma sensação profunda de achar-se totalmente indigno de existir. Admoestações não modificarão o hábito de fumar, pois primeiro é necessário mudar a crença básica que deu origem a ele.

Os *seios* representam o princípio maternal. Quando há problemas nos seios, geralmente significa que a mulher está sendo a "supermãe" de uma pessoa, lugar, coisa ou experiência.

Parte do processo maternal é permitir que o filho "cresça". Precisamos saber a hora de tirarmos as mãos dele, de entregar as rédeas a outros ou deixá-lo em paz. A superproteção não prepara um jovem para lidar com suas próprias experiências. Às vezes, atitudes dominadoras literalmente cortam a nutrição de uma situação.

Quando há câncer nos seios, existe também um profundo ressentimento. Deixe ir o medo e saiba que a Inteligência do Universo reside em cada um de nós.

O *coração,* claro, representa o amor. O sangue representa a alegria. Nossos corações bombeiam alegremente a alegria por todo o nosso corpo. Quando nos negamos amor e alegria, o coração se encolhe e torna-se frio. Como resultado, a circulação torna-se vagarosa e começamos a nos arrastar para a *anemia, angina* e *infartos.*

Falamos em "ataque do coração", mas o coração não nos ataca. Somos nós que o prejudicamos, pois nos envolvemos tanto nas novelas e dramas que criamos que muitas vezes nos esquecemos de notar as pequenas alegrias ao redor. Passamos tantos anos extraindo toda a alegria do coração que ele literalmente acaba desmaiando de dor. Pessoas que sofrem ataques cardíacos nunca são alegres e, se não aprenderem a apreciar o que há de bom na vida, recriarão outro infarto em pouco tempo.

Coração de ouro, coração frio, coração aberto, coração duro, coração mole, coração bom – qual é o seu?

O *estômago* digere todas as novas ideias e experiências que temos. O que seu estômago aceita ou não aceita? O que lhe dá um nó no estômago?

Quando temos perturbações de estômago, geralmente significa que não sabemos como assimilar a nova experiência. Sentimos medo dela.

Muitos de nós se recordam de quando as viagens de avião começaram a se popularizar. Entrar num pássaro de metal que nos transportaria de forma segura pelo céu era uma nova ideia difícil de assimilar. Assim, em todas as poltronas havia sacos para vômito e a maioria de nós o usava. Vomitávamos nos sacos de papel o mais discretamente possível e os entregávamos à aeromoça, que passava um bom tempo andando de um lado para o outro no corredor, recolhendo-os.

Atualmente, apesar de ainda haver sacos em todas as poltronas, eles raramente são utilizados. Assimilamos a ideia de voar.

Úlceras não passam de medo, um medo terrível de não ser "bom o bastante". Tememos não ser bons o bastante para um parente ou superior. Não conseguimos engolir o que somos. Rasgamos nossas entranhas para agradar aos outros. Não importa qual seja o cargo que ocupamos, nossa autoestima é muito pequena. Temos medo do que vão descobrir sobre nós.

A resposta para isso é o amor. Pessoas que se amam e se aprovam jamais têm úlceras. Seja delicado e amoroso com a criança interior e dê-lhe todo o apoio e encorajamento que você desejava quando era pequeno.

Os *órgãos genitais* são a parte mais feminina de uma mulher e a parte mais masculina do homem, e representam a feminilidade ou a masculinidade, nosso princípio masculino ou nosso princípio feminino.

Quando não nos sentimos à vontade em ser um homem ou uma mulher, quando rejeitamos nossa sexualidade, quando rejeitamos nosso corpo por considerá-lo sujo ou pecaminoso, frequentemente temos problemas na área genital.

É muito raro eu encontrar alguém que foi criado num lar onde os órgãos genitais e suas funções eram chamados pelos seus nomes corretos. Todos nós crescemos usando eufemismos de um tipo ou de outro. Você se recorda dos que sua família empregava? Podiam ser tão delicados como "lá em baixo" até palavrões que o faziam sentir que seus órgãos eram sujos e nojentos. Sim, todos crescemos acreditando que havia algo não muito bom entre nossas pernas.

Acho que a revolução sexual que explodiu há alguns anos foi, de certa forma, uma coisa boa. Começamos a nos afastar da hipocrisia vitoriana. Subitamente tornou-se certo ter muitos parceiros e tanto homens como mulheres podiam ter aventuras de uma só noite. Trocar de parceiros tornou-se mais natural. Com tudo isso, muitos de nós passaram a gozar o prazer e a liberdade de nosso corpo de um modo novo e mais livre.

Todavia, poucos de nós pensaram em lidar com o que Roza Lamont, fundadora do Self Communication Institute, chama de "Deus de Mamãe". O que sua mãe lhe ensinou sobre Deus quando você tinha 3 anos ainda está no seu subconsciente, a não ser que você já tenha feito algum tipo de trabalho mental para libertá-lo. Aquele Deus era raivoso, vingativo? O que aquele Deus pensava sobre sexo? Se ainda estamos abrigando essas primeiras sensações de culpa a respeito da sexualidade e do nosso corpo, com toda certeza iremos criar punições para nós mesmos.

Problemas de *bexiga, ânus, próstata, pênis,* bem como a *vaginite,* têm origem nas crenças distorcidas sobre nossos órgãos genitais e no valor de suas funções.

Cada órgão de nosso corpo é uma magnífica expressão de vida com sua própria e especial função. Não pensamos em nosso fígado ou em nossos olhos como sendo sujos e pecaminosos. Por que então escolhemos acreditar que os órgãos genitais o são?

O ânus é tão belo como o ouvido, por exemplo. Sem o ânus não teríamos como expelir aquilo de que o corpo não precisa mais e morreríamos bem rapidamente. Cada parte e função do nosso corpo é perfeita e normal, bela e natural.

Peço aos clientes com problemas sexuais que comecem a se relacionar com seu ânus, pênis ou vagina com um sentido de amor e apreciação pelas suas funções e sua beleza. Se você está estremecendo ou ficando irritado com o que está lendo aqui, pergunte-se: por quê? Quem o mandou negar qualquer parte de seu corpo? Com toda certeza não foi Deus. Nossos órgãos sexuais foram criados para nos dar prazer. Negar isso é criar dor e castigo. O sexo não é apenas "legal", ele é glorioso e sensacional. É tão normal para nós fazer sexo como respirar e comer.

Apenas por um instante, tente visualizar a vastidão do Universo. Ela está além de nossa compreensão. Até mesmo os maiores cientistas com os equipamentos mais modernos que existem não podem medi-la.

Bem, dentro desse Universo há muitas galáxias, e numa das menores delas, num cantinho afastado, existe uma pequena estrela. Em torno dessa estrela giram umas poeirinhas, uma das quais é chamada de planeta Terra.

Ora, acho difícil acreditar que a imensa, incrível Inteligência que criou o Universo inteiro seja apenas um velho sentado numa nuvem acima do planeta Terra... espiando o que faço com meus órgãos genitais!

No entanto, a maioria de nós teve esse conceito enfiado em nossa mente quando éramos crianças.

É absolutamente vital desprendermos de nossa mente essas ideias tolas, antiquadas, que não nos apoiam nem nos nutrem. Insisto também que até nosso conceito de Deus precisa ser mudado, de forma que tenhamos um Deus *para nós*, não contra nós. Existe uma variedade enorme de religiões que podemos escolher. Se você atualmente tem uma que lhe diz que você é um pecador e um verme imundo, procure outra.

Não estou defendendo a ideia de todos saírem por aí fazendo sexo livre à vontade, só estou dizendo que algumas de nossas regras de vida não fazem o menor sentido, motivo pelo qual muitos as desobedecem e tornam-se hipócritas.

Quando retiramos a culpa sexual das pessoas e as ensinamos a se amarem e se respeitarem, elas automaticamente passam a tratar melhor a si mesmas e aos outros, o que resulta no seu mais alto bem e maior alegria. O motivo de termos tantos problemas com nossa sexualidade é o ódio e o nojo voltados contra nós mesmos, o que nos faz tratar a nós mesmos e aos outros com mesquinhez.

Não é suficiente ensinar a mecânica da sexualidade nas escolas. É preciso, num nível bem profundo, lembrar às crianças que seu corpo, órgãos genitais e sexualidade devem ser motivo de júbilo. Creio firmemente que os que se amam e amam seu corpo não maltratam a si mesmos e aos outros.

Em minha prática, descobri que a maioria dos problemas de *bexiga* têm origem na raiva contra o parceiro. O que nos irrita está relacionado com nossa feminilidade ou masculinidade. As mulheres têm mais distúrbios de bexiga do que os homens porque têm uma maior tendência para ocultar sua mágoa. Voltando à *vaginite,* ela em geral está envolvida com a sensação de se sentir romanticamente magoada por um parceiro. Os problemas de *próstata* têm muito a ver com a autovalorização e a crença de que à medida que vai se tornando mais velho o homem torna-se menos homem. A *impotência* tem origem no medo e às vezes está relacionada com o ressentimento contra uma parceira anterior. A *frigidez* também vem do medo ou da crença de que é errado gozar dos prazeres do corpo. Ela pode ainda ser causada por nojo de si mesmo e às vezes é intensificada por um parceiro de pouca sensibilidade.

A *tensão pré-menstrual,* que vem atingindo proporções epidêmicas, está diretamente relacionada com o aumento da propaganda nos meios de comunicação. Esses anúncios imprimem sem parar nas mentes femininas que o corpo deve ser borrifado, empoado, lavado e de uma forma geral super-higienizado com os mais diferentes produtos para torná-lo razoavelmente aceitável. Ora, ao mesmo tempo que as mulheres estão assumindo sua posição igualitária na sociedade, também estão sendo bombardeadas com a mensagem negativa de que os processos orgânicos femininos têm algo de errado. Isso, combinado com a exagerada quantidade de açúcar que atualmente é consumida, cria um campo fértil para a TPM.

Os processos orgânicos femininos, inclusive a menstruação e a menopausa, são normais e naturais, e devemos aceitá-los como tal, mantendo sempre em mente que nosso corpo é belo, magnífico e maravilhoso.

Acredito que as *doenças venéreas* quase sempre são sinal de culpa sexual. Elas vêm de uma sensação, muitas vezes inconsciente, de que não é certo nos expressarmos sexualmente. Um portador de doença venérea pode ter muitos parceiros, mas somente aqueles cujos sistemas imunitários físico e mental são fracos serão suscetíveis a ela. Além desses antigos males, atualmente a população heterossexual criou um aumento da *herpes,* que é uma doença que fica indo e vindo para nos "punir" pela crença de que "somos maus". A herpes tem a tendência de surgir quando estamos emocionalmente desequilibrados, o que por si só já conta muito.

Agora vamos levar essa mesma teoria para a comunidade gay, que, além de ter os mesmos problemas que as outras, enfrenta uma grande parte da sociedade apontando o dedo para ela, dizendo: "Maus!" Em geral, as próprias mães e pais dos gays também estão afirmando: "Vocês são maus." É uma carga muito pesada.

Então, os gays acabaram sofrendo muito mais com a Aids, que é uma doença mais assustadora que a herpes, e pode até ser fatal.

Na sociedade heterossexual, muitas mulheres têm pavor de ficar velhas por causa dos sistemas de crenças que criamos em torno da glória da juventude. Para os homens não é tão difícil, pois eles até ganham certo charme com um pouco de cabelos brancos e a idade lhes confere um ar respeitável, que pode despertar admiração.

Isso, porém, não acontece com a maioria dos homens homossexuais, pois eles são adeptos de uma cultura que enfatiza a juventude e a beleza, ignorando os sentimentos que existem por trás da aparência física.

Com muita frequência os homossexuais acham que quando ficarem mais velhos se tornarão inúteis e indesejados, e com isso muitos criaram um estilo de vida destrutivo por pensarem que é melhor se destruírem primeiro. A exibição, a avaliação crítica constante e a recusa de manter uma união estável são alguns dos conceitos e atitudes típicos da vida gay.

Essas atitudes e modelos de comportamento só podem criar culpa num nível profundo. Eu, de forma nenhuma, estou tentando criar culpa para alguém. Todavia, precisamos olhar cara a cara as coisas que têm de ser mudadas para que nossa vida funcione com amor, alegria e respeito. Há oitenta anos, quase todos os homossexuais se ocultavam, e atualmente eles conseguiram criar bolsões na sociedade onde pelo menos podem ser relativamente abertos. No entanto, lamento ao ver que muito do que eles criaram só traz dor aos seus irmãos gays. Embora seja deplorável o modo como homens heterossexuais tratam os homossexuais, é *trágica* a maneira como muitos gays tratam os outros gays.

Os homens, por tradição, sempre têm mais parceiros sexuais do que as mulheres. Quando homens se unem, portanto, há muito mais sexo. Quanto a isso, tudo bem. Alguns homens gostam de ter muitos parceiros mais para satisfazer sua necessidade de autoestima do que pelo prazer. Todavia, quando temos de nos entorpecer com álcool ou drogas todas as noites e se "necessitamos" de vários parceiros por dia só para provar nossa autovalorização, não estamos criando um espaço que nos nutre. É hora de fazermos algumas mudanças mentais.

Esta é a época de curar, de tornar tudo pleno, não de condenar. Devemos nos desligar das limitações do passado. Somos todos expressões Divinas, Magníficas da Vida. Vamos reivindicar esse direito agora!

O *cólon* representa nossa capacidade de soltar, de mandar embora o que não precisamos mais. O corpo, estando dentro do ritmo perfeito e do fluxo da vida, precisa de um equilíbrio na ingestão, assimilação e eliminação. São apenas nossos medos que bloqueiam o desprendimento do que é velho.

Mesmo quando pessoas que sofrem de prisão de ventre não são realmente avarentas, elas em geral temem que nunca haverá o suficiente. Agarram-se a antigos relacionamentos que só lhes causam mágoa. Tem medo de se desfazer de roupas que há anos estão fechadas nos armários porque talvez venham a precisar delas. Permanecem num emprego sufocante ou nunca se dão momentos de prazer porque pensam que precisam economizar para dias difíceis. Ora, não remexemos a lata de lixo para encontrar o almoço de hoje, portanto aprenda a confiar no processo da vida, sabendo que ele sempre trará o que você precisa.

Nossas *pernas* nos conduzem pela vida. Problemas nas pernas muitas vezes indicam o medo de ir em frente ou uma relutância em seguir uma determinada direção. Muitas vezes temos coxas grandes, gordas, cheias de ressentimentos de infância. Não querer fazer alguma coisa com frequência resulta em distúrbios de menor importância nas pernas. *Varizes* representam ficar num emprego ou lugar que detestamos. As veias perdem sua capacidade de transportar a alegria.

Você está indo na direção que deseja?

Os *joelhos,* como o pescoço, têm a ver com a flexibilidade e expressam o orgulho, o ego e a teimosia. Muitas vezes, ao irmos em frente, ficamos com medo de sermos obrigados a nos dobrar. Desejamos mudar, mas não queremos modificar nossas atitudes. Isso leva à inflexibilidade e causa o enrijecimento das articulações. De todas as nossas juntas, a mais difícil de sarar quando atingida é o joelho, pois nele sempre há o envolvimento do ego e do orgulho.

Na próxima vez em que você tiver um problema no joelho, pergunte-se onde está sendo teimoso, onde está se recusando a dobrar. Abandone essa inflexibilidade. A vida é fluxo, a vida é movimento e, para nos sentirmos bem, temos de ser flexíveis e nos movimentar com ela. Um salgueiro se dobra e balança ao vento e é sempre gracioso, está sempre em paz com a vida.

Nossos *pés* têm a ver com nossa compreensão de nós mesmos e da vida – passada, presente e futura.

Muitos idosos têm dificuldade em andar. Sua compreensão foi distorcida e eles sentem que não têm para onde ir. Os idosos também arrastam os pés, como relutando progredir. Já as crianças movimentam-se sobre pés alegres, quase sempre dançando.

A *pele* representa nossa individualidade. Problemas de pele geralmente significam que achamos que nossa individualidade está sendo ameaçada de alguma forma. Sentimos que outros têm poder sobre nós. Um dos modos mais rápidos de curar problemas de pele é se nutrir dizendo mentalmente centenas de vezes por dia: "Eu me aprovo." Retome o seu próprio poder.

Acidentes não são acidentes. Como tudo o mais em nossa vida, nós os criamos. Não é que digamos: "Quero sofrer um acidente", mas o fato é que temos padrões de pensamento que podem atrair acidentes para nós. Há pessoas que parecem ter "tendência para acidentes", enquanto outras passam a vida inteira sem nem mesmo um arranhão.

Acidentes são expressões de raiva. Indicam frustrações represadas diante da sensação de não ter a liberdade de falar por si. Eles também indicam rebelião contra a autoridade. Ficamos tão furiosos que queremos atingir alguém e, em vez disso, *nós* é que somos atingidos.

Em certas ocasiões, quando ficamos com raiva de nós mesmos, quando nos sentimos culpados, quando achamos que merecemos castigo, criamos um acidente, que é um modo formidável de lidar com tudo isso. Na aparência, fomos vítimas indefesas do destino, mas um acidente nos permite recebermos compaixão e atenção, termos nossos ferimentos tratados e ficarmos de cama, às vezes por um longo tempo. E, mais, ganhamos a dor.

O ponto do corpo atingido no acidente nos dá uma pista da área da vida em que nos sentimos culpados. O grau do ferimento indica com qual severidade achávamos que devíamos ser punidos e qual a duração da sentença.

A *anorexia-bulimia* é negar a vida a si mesmo, uma forma extrema de ódio voltado contra o próprio eu.

O alimento é a nutrição no nível mais básico. Por que você nega nutrição a si mesmo? Por que quer morrer? O que está acontecendo em sua vida que é tão terrível a ponto de você querer sair dela?

O ódio contra si mesmo é apenas ódio de um pensamento que se tem sobre si. E pensamentos podem ser mudados.

O que há de tão errado em você? Foi criado numa família crítica? Teve professores críticos? Seus ensinamentos religiosos da infância lhe diziam que você não era "bom o bastante"? Pense bem, pois na maioria das vezes tentamos encontrar motivos que "fazem sentido para nós" pelos quais não somos amados e aceitos.

Devido à obsessão da indústria de moda com a magreza, muitas mulheres já têm como mensagem principal "Não sou boa o bastante. O que adianta?", usarão seu corpo como o alvo do seu próprio ódio. Num nível qualquer estão dizendo: "Se eu fosse bem magra, eles me amariam." Isso, porém, não funciona, não leva a nada.

Nada funciona de fora para dentro. As chaves do equilíbrio são a autoaprovação e a autoaceitação.

A *artrite* é uma doença que tem origem num constante padrão de crítica, sobretudo de si mesmo, depois dos outros. Pessoas artríticas em geral atraem muitas críticas porque seu modelo mental é criticar. Elas sofrem a praga do "perfeccionismo", a necessidade de serem perfeitas o tempo todo em todas as situações.

Você conhece alguém neste planeta que é "perfeito"? Eu não. Por que estabelecemos modelos que dizem que temos de ser "superpessoas" para sermos meramente aceitáveis? Isso não passa de uma expressão muito forte do "não ser bom o bastante" e um pesado fardo para carregar.

Eu chamo a *asma* de "amor sufocante". Existe a sensação de que a pessoa não tem o direito de respirar por si. Crianças asmáticas com frequência têm "percepção superdesenvolvida" e assumem a culpa por tudo o que parece errado no seu ambiente. Sentem-se culpadas, portanto "indignas" e merecedoras de punição. Por esse motivo, às vezes a asma é curada com uma mudança de lugar, especialmente quando a família *não* vai junto.

Em geral, com o crescimento, as crianças deixam de ter asma. Isso acontece na verdade porque elas acabam se afastando da família por causa dos estudos, casamento ou independência financeira, e a doença se dissolve. Com frequência, mais tarde na vida, quando uma experiência qualquer aperta um botão dentro delas, têm um novo ataque. Quando isso acontece, essas pessoas não estão na verdade reagindo à situação atual, mas ao que costumava acontecer em sua infância.

Queimaduras e *bolhas, cortes, febres, chagas, inflamações* e *"ites"* de todos os tipos são todos indicadores de raiva se expressando no corpo. A raiva sempre acha um meio de se expressar, não importa o quanto tentemos reprimi-la. Tememos nossa raiva por medo de destruirmos nosso mundo, no entanto ela pode ser liberada pela simples afirmação: "Estou com raiva disto." É como acontece com uma caldeira, que deixa sair o excesso de vapor para não explodir. Claro, nem sempre podemos dizer isso para os que nos cercam, como o nosso patrão, por exemplo. No entanto, podemos socar a cama ou almofadas, gritar num carro ou quarto fechado, ou jogar tênis. São meios inofensivos de liberar fisicamente a raiva.

Pessoas espiritualizadas com frequência acreditam que "não devem" ficar com raiva. Claro, todos procuramos evoluir para um ponto em que não culparemos mais os outros pelos nossos sentimentos. Porém, até chegarmos lá, é mais saudável reconhecermos o que realmente sentimos no momento.

O *câncer* é uma doença causada por um ressentimento profundo abrigado por tanto tempo que ele literalmente começa a comer o corpo. Algo aconteceu na infância que destruiu o sentido de confiança da pessoa. Essa experiência jamais é esquecida e o indivíduo vive com autopiedade, encontrando dificuldade em estabelecer e manter relacionamentos duradouros e significativos. Por causa desse sistema de crenças, a vida parece ser uma série de decepções. Uma sensação de impotência, desesperança e perda permeia o pensamento e torna-se fácil culpar os outros por todos os problemas. As pessoas que têm câncer também são muito críticas em relação a si mesmas. Para mim, a base da cura do câncer é aprender a amar e aceitar o eu.

O *excesso de peso* representa a necessidade de proteção. Procuramos proteção contra mágoas, desdém, crítica, maus-tratos, sexualidade e avanços sexuais, procuramos proteção por termos medo da vida tanto em geral como num aspecto específico.

Eu não tenho tendência para a gordura, no entanto aprendi ao longo dos anos que quando estou me sentindo insegura e pouco à vontade engordo alguns quilos. Quando a "ameaça" desaparece, o excesso de peso vai embora por si.

Lutar contra a gordura é perda de tempo e energia. Dietas não funcionam, pois, no instante em que se para, o peso aumenta de novo. O melhor regime que conheço é amar e aprovar a si mesmo, confiando no processo da vida e sentindo-se seguro por conhecer o poder da própria mente. Entre numa dieta que corta todos os pensamentos negativos e seu peso cuidará de si mesmo.

Há um número exagerado de pais que enfiam comida na boca de um bebê sempre que ele chora, sem saberem qual é o verdadeiro problema que está causando o desconforto. Essas crianças são aquelas que ao crescerem ficarão na porta da geladeira, dizendo "Quero comer alguma coisa, mas não sei o que é", sempre que se defrontarem com um problema.

A *dor* de qualquer tipo é, para mim, indicação de culpa. A culpa sempre procura o castigo e o castigo cria a dor. Dores crônicas têm origem em culpas crônicas, às vezes tão profundamente sepultadas que nem temos mais consciência delas.

A culpa é uma emoção completamente inútil. Nunca faz ninguém se sentir bem nem muda uma situação.

Sua "sentença" agora terminou, portanto deixe-se sair da prisão. Perdoar é tão somente abandonar, livrar-se, deixar ir.

Derrames são causados por coágulos sanguíneos que impedem a circulação adequada do sangue no cérebro.

O cérebro é o computador do corpo. O sangue é alegria. As veias e artérias são os canais por onde passa a alegria. Tudo funciona sob a lei e ação do amor. Existe amor em cada pedacinho de inteligência no Universo. É impossível algo funcionar bem sem que haja amor e alegria.

O pensamento negativo entope o cérebro, não deixando lugar para que o amor e alegria fluam livremente. A vida só é sombria se a tornamos assim, se escolhemos encará-la dessa maneira. Podemos encontrar um desastre total no menor dos distúrbios e um pouco de alegria na maior das tragédias. Só depende de nós.

Às vezes tentamos forçar nossa vida a tomar uma determinada direção que não é para nosso mais alto bem e então criamos derrames para nos obrigar a tomar uma direção totalmente diferente, a reavaliar nosso estilo de vida.

A *rigidez* no corpo representa rigidez na mente. O medo faz com que nos mantenhamos agarrados a velhos modelos e encontramos dificuldades em ser flexíveis. Quando acreditamos que existe "um único meio" de executar alguma coisa, é comum ficarmos enrijecidos. Todavia, sempre existe outro meio. Lembre-se de Virgínia Satir e seus 250 modos diferentes de lavar louça.

Quando acontecer um enrijecimento, note que parte está afetada e consulte a lista de padrões mentais, que lhe mostrará onde em sua mente você está sendo rígido e renitente.

A *cirurgia* tem seu lugar. Ela é boa para fraturas, acidentes e para males que um principiante não tem capacidade de dissolver. Em casos como esses, é mais fácil submeter-se a uma operação e concentrar todo o trabalho de cura mental no impedimento da recriação da condição.

A cada dia aumenta o número de profissionais na área médica realmente dedicados a ajudar a humanidade. Cada vez mais médicos estão se voltando para métodos holísticos de cura, tratando não só a doença, mas toda a pessoa.

No entanto, a maioria dos médicos ainda não trabalha com a *causa* das doenças e só tratam os sintomas, os efeitos, fazendo isso de duas maneiras: envenenando ou mutilando. Os cirurgiões cortam e, se você for procurar um, ele geralmente recomendará uma operação. No caso de ser decidida uma cirurgia, prepare-se para ela de modo que transcorra da melhor forma possível e haja uma recuperação rápida.

Peça ao cirurgião e seus assistentes para cooperarem com você. Em geral os presentes à sala de operação não têm consciência de que, mesmo que o paciente esteja inconsciente, ele ainda ouve e capta tudo que é dito no seu nível subconsciente.

Ouvi uma líder New Age contar que ela precisou de uma operação de emergência e então conversou com o médico e o anestesista antes da cirurgia, pedindo-lhes para tocar música suave durante a operação e conversarem entre si e com ela sempre em afirmações positivas. Solicitou o mesmo favor da enfermeira da sala de recuperação. A operação transcorreu sem o menor problema e sua recuperação foi rápida e confortável.

Quando meus clientes têm de ser operados, recomendo-lhes as seguintes afirmações: "Toda mão que me toca no hospital é uma mão curadora e expressa apenas amor", "A operação é rápida, fácil e perfeita". Depois da cirurgia, ponha uma música leve e agradável para tocar, e afirme para você mesmo: "Eu estou sarando rápida, confortável e perfeitamente" e "A cada dia que passa eu me sinto melhor e melhor".

Antes de se internar no hospital, se você puder, prepare uma fita gravada com uma série de afirmações positivas. Deixe o seu gravador ao lado da cama e toque a fita constantemente enquanto você descansa e se recupera. Procure notar sensações, não dor. Imagine o amor fluindo do seu coração para os braços e mãos. Depois ponha as mãos sobre a parte do corpo que está sarando e diga-lhe: "Eu a amo e estou ajudando-a a ficar boa."

O *inchaço* representa o entupimento e estagnação no pensamento emocional. Criamos situações onde fomos "magoados" e nos agarramos a essas lembranças. O inchaço ou edema também muitas vezes representa lágrimas represadas, a sensação de estar preso num beco sem saída ou o acusar outros pelas nossas próprias limitações.

Liberte o passado, deixe-o escorrer. Retome seu próprio poder. Pare de pensar no que você *não* quer. Use sua mente para criar, sim, o que você deseja. Deixe-se fluir com a maré da vida.

Os *tumores* são falsos crescimentos. Uma ostra absorve um pequenino grão de areia e, para se proteger do atrito, forma uma casca dura e brilhante em torno dele. O resultado é uma pérola, que todos consideramos bela.

Nós absorvemos uma mágoa, a encobrimos, mas ficamos constantemente arrancando a casca. É como se rever sempre um velho filme. O resultado é um tumor.

As mulheres têm muitos tumores na área uterina, e creio que o motivo disso é elas abrigarem ali ferimentos emocionais, golpes contra sua feminilidade, que ficam alimentando. Costumo chamar essa condição de síndrome "ele me machucou". O fato de um relacionamento amoroso terminar não significa que há algo de errado conosco, nem é motivo para diminuirmos nossa autovalorização. O importante não é *o que acontece,* mas o modo como *reagimos* a isso. Somos todos cem por cento responsáveis pelas nossas experiências. Que crenças sobre si mesmo você precisa mudar para atrair comportamentos e atitudes mais amorosas?

Na infinidade da vida onde estou, tudo é perfeito, pleno e completo. Reconheço meu corpo como um bom amigo. Cada célula do meu corpo possui Divina Inteligência. Ouço o que ele diz e sei que seus conselhos são válidos. Estou sempre seguro e Divinamente protegido e guiado. Escolho ser saudável e livre. Tudo está bem em meu mundo.

15

A LISTA

Sou saudável, pleno e completo.

Quando você consultar a lista que se segue, já publicada em meu livro *Cure seu corpo,* procure encontrar a correlação entre doenças que você pode ter tido ou está tendo agora e as prováveis causas apresentadas.

Um bom modo de usar a lista quando você tem um problema físico é:

1. Procure a causa mental. Veja se vale para você. Se não, sente-se em silêncio, tranquilize-se e pergunte-se: "Quais seriam os pensamentos que criaram isto em mim?"
2. Repita consigo mesmo: "Estou disposto a me livrar do padrão em minha consciência que criou esta condição".
3. Repita o novo padrão de pensamento várias vezes.
4. Tenha como certo que você já está no processo de cura. Sempre que pensar na sua doença, repita as etapas.

Doença ou Parte Afetada	Causa Provável	Novo Padrão de Pensamento
Aborto	Medo, Medo do futuro, Não agora — mais tarde. Hora inadequada.	A Ação Certa Divina está sempre acontecendo em minha vida. Eu me amo e me aprovo. Tudo está bem.
Abscesso	Fermentação de pensamentos sobre as mágoas. Humilhações e vingança.	Deixo meus pensamentos se libertarem. O passado acabou. Estou em paz.
Acidentes	Incapacidade de defender-se. Rebelião contra a autoridade. Crença na violência.	Liberto o padrão interior que criou isto. Estou em paz. Tenho valor.
Addison, mal de	Grave má nutrição emocional. Raiva de si mesmo	Com todo o amor eu cuido de meu corpo, minha mente e minhas emoções.
Adenoides	Fricção na família, discussões. Criança sentindo que não é bem-vinda, que atrapalha.	Esta criança é bem-vinda, querida, profundamente amada.
Aids	Negando a si mesmo. Culpa sexual. Forte crença em "não ser bom o bastante".	Eu sou uma divina, magnífica expressão da vida. Rejubilo-me com minha sexualidade. Rejubilo-me com tudo o que sou. Eu me amo.
Alcoolismo	O que adianta? Sentimento de futilidade, culpa, inadequação. Autorrejeição.	Vivo no agora. Cada momento é novo. Escolho ver o meu valor. Eu me amo e me aprovo.
Alergias	A que você é alérgico? Negação do próprio poder.	O mundo é seguro e fraterno. Estou seguro. Estou em paz com a vida.
Alzheimer, mal de	Desejo de deixar o planeta. Incapacidade de encarar a vida como ela é.	Tudo acontece na sequência tempo-espaço certa. A Ação Divina correta acontece o tempo todo.

(*cont.*)

Doença ou Parte Afetada	Causa Provável	Novo Padrão de Pensamento
Amigdalite	Medo. Emoções reprimidas. Criatividade sufocada.	O que é bom para mim agora flui livremente. Ideias divinas se expressam através de mim. Estou em paz.
Amnésia	Medo. Fuga da vida. Incapacidade de se defender.	A inteligência, a coragem e a autovalorização estão sempre presentes. É seguro estar vivo.
Anorexia	Negar-se a vida. Medo, autorrejeição e ódio de si mesmo extremos.	É seguro ser eu mesmo. Sou maravilhoso exatamente como sou. Escolho viver. Escolho a alegria e a autoaceitação.
Ansiedade	Sem confiança no fluxo e no processo da vida.	Eu me amo e me aprovo. Confio no processo da vida. Estou seguro.
Antraz	Raiva envenenadora devido a injustiças pessoais.	Solto o passado e dou-me tempo para curar todas as áreas de minha vida.
Ânus	Pronto de desprendimento. Área para dejetos.	Com facilidade e conforto deixo ir o que não preciso mais na vida.
• **Abscesso**	Raiva em relação ao que não se quer soltar.	É seguro deixar ir. Só o que não necessito mais deixa o meu corpo.
• **Coceira**	Culpa pelo passado. Remorso.	Amorosamente eu me perdoo. Sou livre.
• **Dor**	Culpa. Desejo de punição. Não sou bom o bastante.	O passado acabou. Escolho me amar e me aprovar no agora.
• **Fístula**	Expulsão incompleta dos desejos mentais. Manter-se agarrado ao lixo do passado.	É com amor que eu totalmente desprendo de mim o passado. Sou livre. Sou amor.

(*cont.*)

Doença ou Parte Afetada	Causa Provável	Novo Padrão de Pensamento
Apatia	Resistência ao sentimento. Entorpecimento do eu. Medo.	É seguro sentir. Eu me abro para a vida. Estou disposto a viver minha vida por completo.
Apendicite	Medo. Medo da vida. Bloqueio do fluxo do que é bom.	Estou seguro. Relaxo-me e deixo a vida fluir alegremente.
Aperto na garganta	Medo. Sem confiança no processo da vida.	Estou seguro. Confio na vida. Sei que ela está aqui para mim. Eu me expresso alegre e livremente.
Apetite		
• Excesso	Medo. Necessidade de proteção. Julgando as emoções.	Estou seguro. É seguro sentir. Meus sentimentos são normais e aceitáveis.
• Falta	Medo. Protegendo a si mesmo. Falta de confiança na vida.	Eu me amo e me aprovo. Sou seguro. A vida é segura e alegre.
Arrepios	Contração mental, puxando para dentro e para fora. Desejo de recuar. Deixe-me em paz.	Estou seguro e protegido o tempo todo. O amor me cerca e protege. Tudo está bem.
Arrotos	Medo. Engolir a vida rápido demais.	Tenho tempo e espaço para fazer tudo o que necessito. Estou em paz.
Arteriosclerose	Resistência. Tensão. Estreiteza mental renitente. Recusa em ver o bem.	Estou completamente aberto à vida e à alegria. Escolho ver com amor.
Artérias	Transportam a alegria da vida.	Estou cheio de alegria. Ela flui através de mim a cada batida do meu coração.
Articulações	Representam mudanças de direção na vida e a facilidade desses movimentos.	Eu fluo facilmente com as mudanças. Minha vida é divinamente guiada e estou sempre indo na melhor direção.

(*cont.*)

Doença ou Parte Afetada	Causa Provável	Novo Padrão de Pensamento
Artrite	Sentindo-se sem amor. Crítica. Ressentimento.	Eu sou amor. Eu agora escolho me amar e me aprovar. Vejo os outros com amor.
• nos dedos	Desejo de punir. Acusações. Sentir-se vitima.	Vejo com amor e compreensão. Seguro todas as minhas experiências à luz do amor.
Artrite reumatoide	Profunda crítica da autoridade. Sentindo-se muito oprimido.	Sou minha própria autoridade. Eu me amo e me aprovo. A vida é boa.
Asfixia, ataques de	Medo. Não confia no processo da vida. Preso na infância.	É seguro crescer. O mundo é seguro. Estou em segurança.
Asma	Amor sufocante. Incapacidade de respirar por si. Sentindo-se contido. Choro reprimido.	Agora é seguro para mim eu tomar conta de minha vida. Escolho ser livre.
• em bebês	Medo da vida. Não quer estar aqui.	Esta criança está segura e é amada. Esta criança é bem-vinda e querida.
Azia	Medo. Medo. Medo. Medo que aperta.	Respiro fundo e livremente. Estou seguro. Confio no processo da vida.
Baço	Obsessões. Ficar obcecado com coisas.	Eu me amo e me aprovo. Confio no processo da vida. Sei que ela está aqui para mim.
Bexiga	Ansiedade. Prender-se a velhas ideias. Medo de soltar. "Enfezado."	Com conforto e facilidade solto o velho e dou boas-vindas ao novo em minha vida. Estou seguro.

(*cont.*)

Doença ou Parte Afetada	Causa Provável	Novo Padrão de Pensamento
Boca	Representa absorver novas ideias e nutrição.	Eu me nutro com amor.
• **Problemas**	Opiniões estabelecidas. Mente fechada. Incapacidade de aceitar novas ideias.	Dou boas-vindas a novas ideias e conceitos, e os preparo para digestão e assimilação.
Bócio	Ódio por ter sido maltratado. Vítima. Sentindo-se atravessando na vida. Não realizado.	Eu sou o poder e a autoridade em minha vida. Sou livre para ser eu mesmo.
Braços	Representam a capacidade e a habilidade de segurar as experiências da vida.	Com amor eu seguro e abraço minhas experiências com facilidade e alegria.
Bright, mal de (Nefrite, aglomerado de nefrite)	Sentindo-se como uma criança que "não consegue fazer nada direito" e não é "boa o bastante". Considera-se um fracasso. Perda.	Eu me amo e me aprovo. Cuido de mim. Ajo da maneira adequada o tempo todo.
Bronquite	Ambiente familiar inflamado. Gritos e discussões. Às vezes silêncio demais.	Declaro paz e harmonia dentro e em torno de mim. Tudo está bem.
Bursite	Raiva reprimida. Vontade de agredir alguém.	O amor relaxa e manda embora tudo o que é diferente dele.
Cabelos brancos	Estresse. Crença em pressões e tensões.	Estou em paz e à vontade em todas as áreas de minha vida. Sou forte e capaz.
Cãibras	Tensão. Medo. Agarrar. Segurar.	Eu relaxo e deixo minha mente ficar em paz.
Cãibras abdominais	Medo. Parar o processo.	Confio no processo da vida. Estou seguro.
Calvície	Medo. Tensão. Tentando controlar tudo. Não confia no processo da vida.	Estou seguro. Eu me amo e me aprovo. Confio na vida.

(*cont.*)

Doença ou Parte Afetada	Causa Provável	Novo Padrão de Pensamento
Câncer	Mágoa profunda. Ressentimento antigo. Grande segredo ou pesar comendo o eu. Carregando ódios. O que adianta?	Com amor perdoo e liberto todo o passado. Escolho encher meu mundo de alegria. Eu me amo e me aprovo.
Candidíase	Sentindo-se muito disperso. Muita frustração e raiva. Exigente e desconfiado nos relacionamentos. Só exige, não dá.	Dou-me permissão para ser tudo o que quero e mereço o que há de melhor na vida. Amo e aprecio a mim mesmo e aos outros.
Celulite	Preso em sofrimentos da primeira infância. Agarrando-se aos trancos e barrancos do passado. Dificuldade em avançar. Medo de escolher a própria direção.	Perdoo a todos. Perdoo a mim mesmo. Perdoo todas as experiências do passado. Sou livre.
Cérebro	Representa o computador, painel de comando do corpo.	Eu sou o operador amoroso de minha mente.
• Tumor	Crenças incorretamente computadas. Teimosia. Recusa em mudar velhos padrões.	É fácil para mim reprogramar o computador de minha mente. A vida é toda feita de mudanças e minha mente é sempre nova.
Choro	Lágrimas são o rio da vida, derramadas tanto na tristeza e medo como na alegria.	Estou em paz com todas as minhas emoções. Eu me amo e me aprovo.
Ciática	Sendo hipócrita. Medo por causa de dinheiro e do futuro.	Avanço para dentro do meu mais alto bem. O bem para mim está em todos os lugares. Sou seguro e estou em segurança.
Coceira	Desejos de ir contra a corrente. Insatisfeito. Remorso. Coçar para abrir a pele e poder sair ou fugir.	Estou em paz aqui mesmo. Aceito o meu bem, sabendo que meus desejos e necessidades serão atendidos.

(*cont.*)

Doença ou Parte Afetada	Causa Provável	Novo Padrão de Pensamento
Colapso nervoso	Egocentrismo. Entupir os canais de comunicação.	Abro o coração e crio somente comunicações amorosas. Estou seguro. Estou bem.
Colesterol	Obstruindo os canais da alegria. Medo de aceitar a alegria.	Escolho amar a vida. Maus canais de alegria estão bem abertos. É seguro receber.
Cólicas infantis	Irritação mental. Medo do futuro. Sensação de insegurança.	Esta criança reage apenas ao amor e pensamentos carinhosos. Tudo é paz.
Coluna vertebral	O suporte flexível da vida.	Sou apoiado pela vida.
• **Desvios (escoliose, lordose etc.)**	Incapacidade de fluir com o apoio da vida. Medo de tentar se agarrar a velhas ideias. Falta de confiança na vida. Falta de integridade. Não tem coragem nas convicções.	Solto todos os medos. Agora confio no processo da vida. Sei que a vida é para mim. Minha postura é perfeita como o amor.
• **Hérnia de disco**	Sentindo-se sem o menor apoio da vida. Indeciso.	A vida ampara todos os meus pensamentos. Portanto, eu me amo e me aprovo, e está tudo bem.
Coma	Medo. Fugir de algo ou alguém.	Nós o cercamos de segurança e amor. Criamos um espaço para você se curar. Você é amor.
Coração	Representa o centro do amor e da segurança (V. sangue)	Meu coração bate dentro do ritmo do amor.
• **Distúrbios**	Problemas emocionais duradouros. Falta de alegria. Endurecimento do coração. Crença em estresse e tensão.	Alegria. Alegria. Alegria. Deixo amorosamente a alegria fluir pela minha mente, corpo e vida.
• **Infarto**	Esperando toda a alegria do coração em favor de dinheiro, posição etc.	Trago alegria de volta ao centro do meu coração. Expresso amor a tudo.

(*cont.*)

Doença ou Parte Afetada	Causa Provável	Novo Padrão de Pensamento
• Trombose coronariana	Sentindo-se só e assustado. Não é bom o bastante. Não faz o suficiente. Nunca vou conseguir.	Sou uno com toda a vida. O Universo me apoia totalmente. Tudo está bem.
Cotovelo	Representa mudar de direções e aceitar novas experiências.	Fluo facilmente com novas experiências, novas direções e novas mudanças.
Cushing, mal de	Desequilíbrio mental. Produção exagerada de ideias esmagadoras. Sensação de ser oprimido.	Com amor eu equilibro minha mente e meu corpo. Agora escolho pensamentos que me fazer bem.
Dedos	Representa os pormenores da vida.	Estou em paz com os pormenores de minha vida.
• Polegar	Representa o intelecto e a preocupação.	Minha mente está em paz.
• Indicador	Representa o ego e o medo.	Sou seguro.
• Médio	Representa a raiva e a sexualidade.	Sinto-me à vontade com minha sexualidade.
• Anular	Representa uniões e o pesar.	Sou tranquilamente amoroso.
• Mínimo	Representa a família e o fingimento.	Sou eu mesmo na família da vida.
Defeitos de nascença	Carma. Você escolheu vir assim. Nós escolhemos nossos pais.	Todas as experiências são perfeitas para nossa evolução. Estou em paz aqui mesmo.
Dentes	Representa decisões.	
• Problemas com os dentes	Indecisão duradoura. Incapacidade de dividir as ideias para analisá-las e tomar decisões.	Tomo decisões com base nos princípios da verdade e repouso em segurança sabendo que apenas a Ação Certa está acontecendo em minha vida.
• Siso incluso	Não cede espaço suficiente para criar uma base firme.	Abro minha consciência para a expansão da vida. Há bastante espaço para eu crescer e mudar.

(*cont.*)

Doença ou Parte Afetada	Causa Provável	Novo Padrão de Pensamento
Derrame	Desistir. Prefere morrer a mudar. Resistência. Rejeita a vida.	A vida é mudança e eu me adapto facilmente ao novo. Aceito a vida passada, presente e futura.
Desmaios	Medo. Não consegue enfrentar. Sair de cena.	É seguro ser eu mesmo. Expresso quem sou.
Diabetes	Sonhando com o que poderia ter sido ou tido. Grande necessidade de controlar. Tristeza profunda. Não resta nenhuma doçura.	Este instante está cheio de alegria. Agora escolho vivenciar a doçura do hoje.
Diarreia	Medo. Rejeição. Fuga.	Minha ingestão, assimilação e eliminação estão em perfeita ordem. Estou em paz com a vida.
Distrofia muscular	Medo extremo. Desejo frenético de controlar tudo e todos. Profunda necessidade de se sentir seguro. Perda da fé e confiança.	É seguro para mim estar vivo. Sou bom como sou. Confio em mim mesmo.
Doenças crônicas	Recusa em mudar. Medo do futuro. Sensação de insegurança.	Estou disposto a mudar e evoluir. Agora crio um novo e seguro futuro.
Doenças da infância	Crença em calendários, conceitos sociais e falsas leis. Comportamento infantil dos adultos que o cercam.	Esta criança é divinamente protegida e está cercada de amor. Afirmamos a imunidade mental.
Doenças venéreas	Culpa ligada ao sexo. Necessidade de castigo. Crença de que os órgãos genitais são sujos ou pecaminosos. Maltratando o próximo.	Com amor e alegria aceita minha sexualidade e sua expressão. Aceito somente pensamentos que me apoiam e me fazem bem.
Dor		
• Contínua	Desejo de ser amado. Desejo de ser abraçado.	Eu me amo e me aprovo. Sou amoroso e digno de ser amado.

(*cont.*)

Doença ou Parte Afetada	Causa Provável	Novo Padrão de Pensamento
• Aguda	Culpa. A culpa sempre procura castigo.	Com amor eu liberto o passado. Eles estão livres e eu estou livre. Agora está tudo bem em meu coração.
Dor de cabeça	Invalidando a si próprio. Autocrítica. Medo.	Eu me amo e me aprovo. Vejo a mim e ao que faço com olhos de amor. Estou seguro.
Dor nas costas		
• Parte superior	Falta de apoio emocional. Sentindo que não é amado. Retendo o amor.	Eu me amo e me aprovo. A vida me ama e me aprova.
• Parte média	Culpa. Preso em todas aquelas "coisas" do passado. Saia de minhas costas.	Liberto o passado. Estou livre para ir em frente com amor em meu coração.
• Parte inferior	Medo por causa de dinheiro. Falta de apoio financeiro.	Confio no processo da vida. Tudo o que preciso vem a mim. Estou seguro.
Edema	O que ou quem você não quer largar?	Estou disposto a soltar o passado. É seguro para mim deixar ir. Agora sou livre.
Enfisema	Medo de absorver a vida. Não se considere digno de viver.	É meu direito de nascença viver plena e livremente. Amor a vida. Eu me amo.
Enjoos		
• em veículos	Medo. Escravidão. Sensação de estar preso numa armadilha.	Movimento-me com facilidade pelo tempo e pelo espaço. Somente o amor me cerca.
• no mar	Medo. Medo da morte. Falta de controle	Estou totalmente seguro no Universo. Estou em paz em todos os lugares. Confio na vida.

(*cont.*)

Doença ou Parte Afetada	Causa Provável	Novo Padrão de Pensamento
Enurese noturna	Medo de um dos progenitores, geralmente do pai.	Esta criança é vista com amor, compaixão e compreensão. Tudo está bem.
Envelhecimento, problemas do	Crenças sociais. Modo antigo de pensar. Medo de ser você mesmo. Rejeição do que é novo.	Eu em amo e me aceito em todas as idades. Cada instante de minha vida é perfeito.
Enxaqueca	Desagrado por ser impelido por alguém. Resistência ao fluxo da vida. Medos sexuais. (Em geral pode ser aliviada pela masturbação.)	Relaxo no fluxo da vida e a deixo fornecer tudo o que preciso com facilidade. A vida é favorável a mim.
Epilepsia	Sensação de perseguição. Rejeita a vida. Sensação de grande luta. Autoviolência.	Escolho ver a vida como eterna e alegre. Sou eterno, estou alegre e em paz.
Equilíbrio, perda de	Pensamento difuso. Não centrado.	Centro-me na segurança e aceito a perfeição de minha vida. Tudo está bem.
Esclerose múltipla	Endurecimento mental, coração duro, vontade de ferro, inflexibilidade. Medo.	Ao escolher pensamentos de amor e alegria, crio um mundo cheio de amor e alegria. Sou livre e seguro.
Esterilidade	Medo de resistência ao processo da vida OU não precisa passar pela experiência da paternidade ou maternidade.	Confio no processo da vida. Estou sempre no lugar certo, fazendo as coisas certas nas horas certas. Eu me amo e me aprovo.
Fadiga	Resistência. Tédio. Falta de amor pelo que faz.	Tenho entusiasmo pela vida e estou cheio de energia e vitalidade.
Febres	Raiva. Queimando.	Estou na fresca e calma expressão do amor e da paz.

(*cont.*)

Doença ou Parte Afetada	Causa Provável	Novo Padrão de Pensamento
Femininos, males	Negando-se a si mesma. Rejeitando a feminilidade. Rejeição do princípio feminino.	Rejubilo-me com minha feminilidade. Adoro ser mulher. Amo meu corpo.
• Fibromas	Alimentando a mágoa causada pelo parceiro. Um golpe no ego feminino.	Desprendo o padrão em meu interior que atraiu essa experiência. Crio só o bem em minha vida.
• Leucorreia	Crença de que as mulheres são imponentes diante dos homens. Raiva do parceiro.	Crio todas as minhas experiências. Sou o poder. Rejubilo-me com minha feminilidade. Sou livre.
• Vaginite	Raiva do parceiro. Culpa sexual. Punindo a si mesma.	Os outros refletem o amor e a aprovação que tenho por mim. Rejubilo-me com minha sexualidade.
Fibrose cística	Profunda crença de que a vida não dá certo para você. Pobre de mim.	A vida me ama e eu amo a vida. Agora escolho absorver a vida plena e livremente.
Fígado	Sede da raiva e emoções primitivas.	Eu conheço apenas o amor, a paz e a alegria.
• Distúrbios	Queixas crônicas. Justificando a procura de defeitos para se enganar. Sentindo-se uma pessoa má.	Escolho viver através do espaço aberto em meu coração. Procuro o amor e o encontro em todos os lugares.
• Cálculos biliares	Amargura. Pensamentos duros. Condenação. Orgulho.	Libertar o passado só traz alegria. A vida é doce e eu também.
• Icterícia	Preconceito interno e externo. Razão desequilibrada.	Tenho compaixão, tolerância e amor por todas as criaturas.
• Hepatite	Resistência à mudança. Medo, raiva, ódio. O fígado é também a sede do ódio.	Minha mente está limpa e livre. Deixo o passado e entro no novo. Tudo está bem.

(*cont.*)

Doença ou Parte Afetada	Causa Provável	Novo Padrão de Pensamento
Fístula	Medo. Bloqueio no processo de deixar ir o passado.	Estou seguro. Confio plenamente no processo da vida. A vida é favorável a mim.
Flacidez	Ressentimento da vida. Rugas no rosto resultam de pensamentos flácidos na mente.	Expresso a alegria de viver e permito-me desfrutar cada momento de cada dia. Torno-me jovem de novo.
Flebite	Raiva e frustração. Acusando outras pessoas pela limitação e falta de alegria na vida.	A alegria agora flui livremente dentro de mim. Estou em paz com a vida.
Frieiras	Frustração em não ser aceito. Incapacidade de ir em frente com facilidade	Em me amo e me aprovo. Dou-me permissão para ir em frente.é seguro me movimentar.
Frigidez	Medo. Negação do prazer. Crença em que o sexo é ruim. Parceiros insensíveis.	É escuro para mim desfrutar do meu próprio corpo. Regozijo-me em ser mulher.
Furúnculos	Raiva. Fervendo de raiva. Agitação colérica.	Expresso amor e alegria. Estou em paz.
Gagueira	Insegurança. Falta de autoexpressão. Sem permissão para chorar.	Sou livre para falar por mim mesmo. Agora sou seguro em minha expressão. Eu me comunico apenas com amor.
Gangrena	Morbidez mental. Afogando a alegria com pensamentos que envenenam.	Agora escolho pensamentos harmoniosos e deixo a vida fluir livremente em mim.
Garganta	Avenida da expressão. Canal da criatividade.	Abro meu coração e canto as alegrias do amor.
• **Problemas**	Incapacidade de falar por si. Raiva engolida. Criatividade sufocada. Recusa em mudar.	É certo fazer barulho. Expresso-me com alegria e liberdade. Falo por mim com facilidade. Expresso minha criatividade. Estou disposto a mudar.

(cont.)

Doença ou Parte Afetada	Causa Provável	Novo Padrão de Pensamento
Gastrite	Incerteza prolongada. Sensação de condenação.	Eu me amo e me aprovo. Estou em segurança.
Gengivas		
• **Problemas**	Incapacidade de manter decisões. "Maria vai com as outras."	Sou uma pessoa decidida. Vou em frente e me respaldo com amor.
• **Piorreia**	Raiva com a incapacidade de manter decisões.	Eu me aprovo e minhas decisões são sempre perfeitas para mim.
• **Sangramento**	Falta de alegria nas decisões tomadas na vida.	Confio em que a Ação Certa está sempre acontecendo em minha vida. Estou em paz.
Glândulas	Representam manter posição. Atividade que começa a partir de si mesmo.	Sua força criativa em meu mundo.
• **Distúrbios glandulares**	Má distribuição de ideias "vá e faça".	Tenho todas as ideias e atividades divinas de que preciso. Avanço agora mesmo.
Gordura	Representa proteção. Supersensibilidade.	Sou protegida pelo Amor Divino. Estou sempre em segurança. Sou seguro.
Gota	Necessidade de dominar. Impaciência. Raiva.	Sou seguro e estou em segurança. Estou em paz comigo mesmo e com os outros.
Gripe	Reação muito grande contra as crenças e negatividade. Crença em estatística.	Estou além das crenças em grupo ou no calendário. Estou livre de toda congestão e influência.
Hálito, mau	Pensamentos de raiva e vingança. Mexericos maldosos. Atitudes vis.	Liberto o passado com amor. Falo com carinho e amor. Escolho dar voz apenas ao amor. Exalo só o bem.

(*cont.*)

Doença ou Parte Afetada	Causa Provável	Novo Padrão de Pensamento
Hematomas e contusões	As pequenas colisões da vida. Autopunição.	Eu me amo e sou carinhoso comigo. Sou delicado e gentil comigo. Tudo está bem.
Hemorroidas	Medo de prazos determinados. Raiva do passado. Medo de soltar. Sentindo-se sobrecarregado.	Deixo ir tudo o que é diferente do amor. Há tempo e espaço para tudo o que quero fazer.
Hérnia	Relacionamentos rompidos. Esforço, fardos. Expressão criativa incorreta.	Minha mente é gentil e harmoniosa. Eu me amo e me aprovo. Sou livre para ser eu mesmo.
Herpes genital	Crença em massa em culpa sexual e necessidade de punição. Vergonha pública. Crença num Deus que castiga. Rejeição dos órgãos genitais.	Meu conceito de Deus me ampara. Sou normal e natural. Rejubilo-me com minha sexualidade e meu corpo. Sou maravilhoso.
Herpes labial	Palavras infectadas seguradas pelos lábios. Acusações.	Crio somente experiências alegres em minha vida.
Herpes zoster	Medo e tensão. Sensível demais.	Estou relaxando e em paz porque confio no processo da vida. Tudo está bem em meu mundo.
Hiperglicemia	V. Diabetes	
Hiperventilação	Medo. Resistência a mudanças. Não confio no processo da vida.	Estou seguro em qualquer lugar do Universo. Eu me amo e confio no processo da vida.
Hipoglicemia	Esmagado pelos fardos da vida. O que adianta?	Agora escolho fazer minha vida leve, fácil e alegre.
Hodgkin, doença de	Acusações e um medo tremendo de "não ser bom o bastante". Corrida frenética para provar-se a si mesmo até o sangue não ter mais substância nem mesmo para si próprio. A alegria da vida é esquecida na corrida por aceitação.	Sinto-me perfeitamente feliz sendo eu mesmo. Sou bom o bastante sendo com sou. Eu me amo e me aprovo. Sou alegria me expressando e recebendo.

(*cont.*)

Doença ou Parte Afetada	Causa Provável	Novo Padrão de Pensamento
Impotência	Pressão sexual, tensão, culpa. Crenças sociais. Despeito de uma parceira anterior. Medo da mãe.	Agora permito que o pleno poder do meu princípio sexual atue com facilidade e alegria.
Inchaço	Estar preso nos mesmos padrões de pensamento. Ideias entupidas, dolorosas.	Meus pensmaentos fluem livre e facilmente. Movimento-me através das ideias com facilidade.
Incontinência	Um deixar ir. Sensação de estar fora do controle em termos emocionais. Falta de autonutrição.	À medida que me nutro, os que me cercam são nutridos. Sou gentil e carinhoso comigo mesmo.
Incurável	Não pode ser curado por meios externos a essa altura. Devemos nos interiorizar para efetuar a cura. O mal veio do nada e para o nada voltará.	Milagres acontecem todos os dias. Eu me interiorizo para dissolver o padrão que criou isto e agora aceito uma Cura Divina. E assim é!
Indigestão	Receio, medo, ansiedade profundos. Agarrando e moendo.	Digiro e assimilo todas as novas experiências em paz e com alegria.
Infecção	Irritação, raiva, aborrecimento.	Escolho ser pacífico e harmonioso.
Inflamações	Medo. Vermelho de raiva. Pensamento inflamado.	Meu pensamento é calmo, pacífico e centrado.
Insanidade	Fugindo da família. Escapismo. Retirada. Violenta separação da vida.	A mente conhece sua verdadeira identidade e é um ponto criativo da Divina Autoexpressão.
Insônia	Medo. Não confia no processo da vida. Culpa.	Com amor deixo ir o dia e entro num sono tranquilo, sabendo que o amanhã cuidará de si mesmo.

(*cont.*)

Doença ou Parte Afetada	Causa Provável	Novo Padrão de Pensamento
Intestinos	Representam a libertação de dejetos.	Deixar ir é fácil.
• **Problemas**	Medo de largar o velho e não mais necessário.	Com facilidade e liberdade deixo ir o velho e alegremente dou boas-vindas ao novo.
• **Colite**	Pais exigentes. Sensação de opressão e derrota. Grande necessidade de afeto.	Eu me amo e me aprovo. Crio minha própria alegria. Escolho ser um vencedor na vida.
• **Colite mucosa**	Depósito de velhos e confusos pensamentos entupindo o canal da eliminação. Atolado na lama pegajosa do passado.	Liberto e dissolvo o passado. Penso com clareza. Vivo no agora em paz e com alegria.
• **Gases**	Medo. Agarrando-se a ideias não digeridas.	Eu relaxo e deixo a vida fluir através de mim com facilidade.
• **Ileíte**	Medo. Preocupação. Não ser bom o bastante.	Eu me amo e me aprovo. Estou fazendo o melhor que posso. Sou maravilhoso. Estou em paz.
• **Reto**	V. Ânus	
• **Sangramento ano-retal**	Raiva e frustração.	Confio no processo da vida. Somente a ação certa e boa tem lugar em minha vida.
"Ites" em geral (designando inflamações e infecções)	Raiva e frustração sobre aspectos da própria vida.	Estou disposto a mudar todos os padrões de crítica. Eu me amo e me aprovo.
Joelhos	Representam o orgulho e o ego.	Sou flexível e deixo-me fluir.
Labirintite	Medo. Medo de não estar no controle.	Estou sempre no controle dos meus pensamentos. Eu me amo e me aprovo.

(*cont.*)

Doença ou Parte Afetada	Causa Provável	Novo Padrão de Pensamento
Laringite	Tão furioso que não consegue falar. Medo de retrucar. Ressentimento da autoridade.	Sou livre para pedir o que quero. É seguro me expressar. Estou em paz.
Lepra	Incapacidade total de lidar com a vida. Crença duradoura em não ser limpo ou bom o bastante.	Elevo-me acima das limitações. Sou divinamente guiado e inspirado. O amor cura a vida por completo.
Leucemia	Matando brutalmente a inspiração. O que adianta?	Deixo para trás as limitações do passado e entro na liberdade do agora. É seguro ser eu mesmo.
Linfáticos, problemas	Alerta de que a mente precisa ser recentrada no que é essencial na vida; amor e alegria.	Eu agora estou totalmente centrado no amor e na alegria de estar vivo. Deixo-me fluir com a vida. A paz de espírito é minha.
Lúpus	Desistir. Melhor morrer do que defender a si mesmo. Raiva e castigo.	Falo por mim mesmo com liberdade e facilidade. Afirmo o meu próprio poder. Eu me amo e me aprovo. Sou livre e seguro.
Luxações	Raiva e resistência. Não querer tomar uma determinada direção na vida.	Confio no processo da vida e sei que ela só me leva para o meu mais alto bem. Estou em paz.
Mãos	Segurar e manusear. Pegar e apertar. Agarrar e soltar. Acariciar. Beliscar. Todos os meios de se lidar com experiências.	Escolho lidar com todas as minhas experiências com amor, alegria e prazer.
Mastoidite	Raiva e frustração. Desejo de não ouvir o que está acontecendo. Geralmente afeta crianças. Medo afetando a compreensão.	A paz e harmonia divinas estão dentro e em torno de mim. Sou um oásis de paz, amor e alegria. Tudo está bem em meu mundo.

(*cont.*)

Doença ou Parte Afetada	Causa Provável	Novo Padrão de Pensamento
Maxilar	Raiva, ressentimento. Desejo de vingança.	Estou disposto a mudar os padrões em mim que criaram esta condição. Eu me amo e me aprovo. E sou seguro.
Meningite	Extrema discórdia na família. Vivendo numa atmosfera de raiva e medo. Intenso tumulto interior. Falta de apoio.	Escolho criar paz em minha mente, meu corpo e minha vida. Tudo está bem. Sou amado e estou em segurança.
Menopausa, distúrbios da	Medo de não ser mais desejada. Medo de envelhecer, autorrejeição. Não ser boa o bastante.	Sou equilibrada e pacífica em todas as mudanças de ciclos. Abençoo meu corpo com amor.
Menstruação, distúrbios da	Rejeição da feminilidade. Culpa. Medo. Crença em que os órgãos genitais são sujos ou pecaminosos.	Aceito meu pleno poder como mulher e aceito todos os meus processos corporais como normais e naturais. Eu me amo e me aprovo.
Mononucleose	Hábito arraigado de depreciar a vida. Prejudicando os outros. Muita autocrítica. Costume de brincar o jogo do "Não é horrível...".	Sou uno com toda a vida. Vejo-me nos outros e amo o que enxergo neles. Rejubilo-me por estar vivo.
Nádegas	Representam o poder. Nádegas flácidas, perda do poder.	Uso meu poder sabiamente. Sou forte. Sinto-me seguro. Tudo está bem.
Narcolepsia	Não consegue enfrentar. Medo extremo. Querendo se afastar de tudo. Não deseja estar aqui.	Confio na sabedoria e na orientação divinas. Sei que estão sempre me protegendo. Estou em segurança.
Nariz	Representa o autorreconhecimento.	Reconheço minha própria capacidade intuitiva.
• **Hemorragia nasal**	Necessidade de reconhecimento. Sentindo-se não reconhecido e não notado. Chorando por amor.	Eu me amo e me aprovo. Reconheço meu verdadeiro valor. Sou formidável.

(*cont.*)

Doença ou Parte Afetada	Causa Provável	Novo Padrão de Pensamento
Náuseas	Medo. Rejeitando uma ideia ou experiência.	Estou seguro. Confio no processo da vida, sei que ele só traz o bem pra mim.
Nervos	Representam a comunicação. Repórteres receptivos.	Comunico-me com facilidade e alegria.
Nervosismo	Medo, ansiedade, luta, correria. Não confia no processo da vida.	Estou numa viagem interminável pela eternidade, e tenho muito tempo. Comunico-me com o coração. Tudo está bem.
Nevralgias	Castigo por causa de culpa. Angústia relacionada com a comunicação. Não confia no processo da vida.	Eu me perdoo. Eu me amo e me aprovo. Comunico-me com amor.
Nódulos	Ressentimento, frustração e ego ferido por causa da carreira.	Liberto o padrão da procrastinação dentro de mim e agora deixo o sucesso ser meu.
Odor corporal	Medo. Não gosta de si. Medo dos outros.	Eu me amo e me aprovo. Estou seguro.
Olhos	Representam a capacidade de ver claramente — o passado, presente e futuro.	Vejo com amor e alegria.
• **Problemas**	Não gosta do que vê na própria vida.	Agora crio uma vida que adoro ver.
• **Problemas em crianças**	Não quer ver o que está acontecendo na família.	A harmonia, a alegria, a beleza e a segurança agora cercam esta criança.
• **Astigmatismo**	"Eu sou o problema." Medo de ver realmente a si próprio.	Eu agora estou disposto a ver minha própria beleza e magnificência.
• **Catarata**	Incapacidade de olhar à frente com alegria. O futuro lhe parece sombrio.	A vida é eterna e plena de alegria. Anseio ver cada momento dela.

(*cont.*)

Doença ou Parte Afetada	Causa Provável	Novo Padrão de Pensamento
• Conjuntivite	Raiva e frustração diante do que está vendo na vida.	Vejo com os olhos do amor. Existe uma solução harmoniosa e eu aceito agora.
• Estrabismo	Não querendo ver o que está lá fora. Objetivos cruzados.	É seguro me ver. Estou em paz.
• Estrabismo divergente	Medo de olhar para o presente, bem aqui.	Eu me amo e me aprovo agora mesmo.
• Glaucoma	Recusa-se terminantemente a perdoar. Pressão exercida por mágoas duradouras. Derrotado por tudo.	Vejo com amor e ternura.
• Hemorragia ocular	Raiva e frustração. Não quer ver.	Deixo ir a necessidade de estar certo. Estou em paz. Eu me amo e me aprovo.
• Hipermetropia	Medo do presente.	Estou seguro no aqui e agora. Vejo tudo.
• Miopia	Medo do futuro. Não confia no que está à frente.	Aceito a divina orientação e estou sempre seguro. Confio no processo da vida. Estou seguro.
• Queratite	Extrema raiva. Desejo de atingir aquele que vê.	Deixo o amor do meu coração curar tudo o que vejo. Escolho a paz. Tudo está bem em meu mundo.
Ombros	Feitos para carregar alegria, não pesos.	Sou livre para ser alegre.
• Caídos	Carregando os fardos da vida. Impotência e desesperança.	Fico em pé ereto e livre. Eu me amo e me aprovo. Estou em paz com o processo da vida.
Órgãos genitais	Representam o princípio feminino ou masculino.	É seguro ser quem sou.
• Problemas	Preocupação por não se sentir bom o bastante.	Regozijo-me na minha própria expressão da vida. Sou perfeito exatamente como sou. Eu me amo e me aprovo.

(*cont.*)

Doença ou Parte Afetada	Causa Provável	Novo Padrão de Pensamento
Órgãos genitais femininos		
• Ovários	Representam o ponto de criação. Criatividade.	Sou equilibrada no meu fluxo criativo.
• Útero	Representa o lar da criatividade.	Sinto-me à vontade dentro do meu corpo.
• Vulva	Representa a vulnerabilidade.	
Osso púbico	Representa a proteção dos órgãos genitais.	Minha sexualidade é segura.
Ossos	Representa a estrutura do Universo.	Sou bem estruturado e equilibrado.
• Deformidade	Pressão mental. Aperto. Músculos não podem se esticar. Perda de mobilidade mental.	Respiro plenamente a vida. Relaxo-me e confio no fluxo e no processo da vida.
• Fraturas	Rebelião contra a autoridade.	Sou minha própria autoridade em meu mundo, pois sou o único que pensa em minha mente.
Osteomielite	Raiva e frustração contra a própria estrutura da vida. Sentindo-se sem apoio.	Estou em paz com a vida e confio no seu processo. Sou seguro e estou em segurança.
Ouvidos	Representam a capacidade de ouvir.	Ouço com amor.
• Dor	Raiva. Não está querendo ouvir. Tumulto demais. Pais discutindo.	A harmonia me cerca. Ouço com amor o que é prazeroso e bom. Sou um centro para o amor.
• Surdez	Rejeição, teimosia, isolamento. O que não quer ouvir? Não me amole.	Ouço o que é divino e regozijo-me com tudo o que sou capaz de ouvir. Sou uno com tudo.

(*cont.*)

Doença ou Parte Afetada	Causa Provável	Novo Padrão de Pensamento
• Zumbido	Recus em ouvir. Não dá ouvidos à voz interior. Teimosia.	Confio no meu Eu Superior. Ouço com amor minha voz interior. Liberto tudo o que é diferente da ação do amor.
Pâncreas	Representa a doçura da vida.	Minha vida é doce.
Pancreatite	Rejeição. Raiva e frustração porque a vida parece ter perdido sua doçura.	Eu me amo e me aprovo. Eu sozinho crio doçura e alegria em minha vida.
Paralisia	Medo. Terror. Fugindo de uma pessoa ou situação. Resistência.	Sou uno com a vida toda. Sou seguro e sempre adequado a todas as situações.
Parkinson, mal de	Medo e intenso desejo de controlar tudo e todos.	Relaxo-me sabendo que estou em segurança. A vida é favorável a mim e eu confio no seu processo.
Pele	Protege a individualidade. Um órgão dos sentidos.	É seguro ser eu mesmo.
• Acne	Não aceita a si mesmo. Não gosta de si.	Sou uma divina expressão da vida. Eu me amo e me aceito bem aqui onde estou agora.
• Assaduras	Irritação por causa de atrasos. Modo infantil de chamar atenção.	Eu me amo e me aprovo. Estou em paz com o processo da vida.
• Bolhas	Resistência. Falta de proteção emocional.	Fluo suavemente com a vida e a cada nova experiência. Tudo está bem.
• Calosidades	Conceitos e ideias endurecidos. Medo solidificado.	É seguro ver a experimentar novas ideias e modos de fazer. Estou aberto e receptivo ao bem.
• Cravos	Sentindo-se sujo e não amado.	Eu me amo e me aprovo. Sou amoroso e digno de amor.

(*cont.*)

Doença ou Parte Afetada	Causa Provável	Novo Padrão de Pensamento
• Eczema	Antagonismo sufocante. Erupções mentais.	A harmonia e a paz, o amor e a alegria me cercam e habitam dentro de mim. Sou seguro e estou em segurança.
• Esclerodermatite	Sentindo-se desprotegido e inseguro. Sentindo-se irritado e ameaçado pelos outros. Criando proteção.	Estou divinamente protegido e seguro o tempo todo. Tudo o que faço é certo e me traz amor, que aceito com alegria.
• Problemas	Ansiedade, medo. Velhas mágoas enterradas. Estou sendo ameaçado.	Amorosamente eu me protejo com pensamentos de amor e alegria. O passado está perdoado e esquecido. Estou livre neste mesmo instante.
• Psoríase	Medo de ser magoado. Amortecendo os sentidos e o eu. Recusando-se a assumir responsabilidade pelos próprios sentimentos.	Estou vivo para as alegrias da vida. Mereço e aceito o melhor que existe na vida. Eu me amo e me aprovo.
• Vitiligo	Sensação de não pertencer ao grupo. Sentindo-se completamente fora de tudo.	Estou no próprio centro da vida e totalmente ligado em amor.
Pelos púbicos	Representam tanto a atração como o se esconder. Nem crianças nem idosos os têm.	
Pernas	Levam-nos para a frente na vida.	A vida é para mim.
• Coxas	Segurando velhos traumas da infância.	Eles estavam fazendo o melhor que podiam com a compreensão, consciência e conhecimento que tinham eu os liberto.

(*cont.*)

Doença ou Parte Afetada	Causa Provável	Novo Padrão de Pensamento
• Parte inferior	Medo do futuro. Não querendo ir em frente.	Vou à frente com confiança e alegria, sabendo que tudo é bem em meu futuro.
Pés	Representam nossa compreensão de nós mesmos, da vida e dos outros.	Minha compreensão é clara e estou disposto a mudar com os tempos. Estou seguro.
• Artelhos	Representam os pormenores do futuro.	Todos os pormenores cuidam de si mesmos.
• Problemas	Medo do futuro e de não ir em frente na vida.	Avanço na vida com facilidade e alegria.
Pescoço	Representa a flexibilidade. Também a capacidade de ver o que está lá atrás.	Estou em paz com a vida.
• Problemas	Recusando-se a ver o outro lado da questão. Teimosia, inflexibilidade.	É com flexibilidade e facilidade que vejo todos os lados de uma questão. Existem infinitos modos de se fazer e ver coisas. Estou em segurança.
• Torcicolo	Teimosia inflexível.	É seguro ver outros pontos de vista.
Pneumonia	Desesperado. Cansado da vida. Ferimentos emocionais que não têm permissão para se curar.	Livremente absorvo ideias divinas que estão cheias de sopro e inteligência da vida.
• Problemas	Depressão. Sofrimento. Medo de absorver a vida. Não se acha digno de viver plenamente.	Tenho a capacidade de absorver a plenitude da vida. Com amor vivo a vida em sua plenitude.
• Tuberculose	Definhando por causa do egoísmo. Possessivo. Pensamentos cruéis. Vingança.	Enquanto me amo e me aprovo vou criando um mundo alegre e pacífico para eu viver.

(*cont.*)

Doença ou Parte Afetada	Causa Provável	Novo Padrão de Pensamento
Poliomielite	Ciúme paralisante. Desejo de parar alguém.	Há o bastante para todos. Crio o meu bem e minha realidade com pensamentos amorosos.
Pólipos	Alimentando velhas mágoas. Fazendo crescer o ressentimento.	Perdoo facilmente. Eu me amo e me gratifiquei com pensamentos elogiosos.
Pressão sanguínea		
• **Alta**	Problema emocional duradouro não resolvido.	Liberto alegremente o passado. Estou em paz.
• **Baixa**	Falta de mor em criança. Derrotismo. O que adianta? Não vai mesmo dar certo.	Agora escolho viver no eternamente alegre AGORA. Minha vida é uma grande alegria.
Prisão de ventre	Recusando-se a soltar velhas ideias. Preso no passado. Às vezes, avareza.	À medida que vou soltando o passado, o novo, o frescor e o vital entram em mim. Deixo a vida fluir através de mim.
Próstata	Representa o princípio masculino.	Aceito minha masculinidade e rejubilo-me com ela.
• **Problemas**	Temores mentais enfraquecendo a masculinidade. Desistindo de tudo. Culpa a pressão sexual. Crença no envelhecimento.	Eu me amo e me aprovo. Aceito meu próprio poder. Sou eternamente jovem em espírito.
Pulmões	A capacidade de absorver a vida.	Absorvo a vida em perfeito equilíbrio.
Pulso	Representa movimento e facilidade.	Manuseio todas as minhas experiências com sabedoria, amor e facilidade.

(*cont.*)

Doença ou Parte Afetada	Causa Provável	Novo Padrão de Pensamento
Quadril	Carrega o corpo em perfeito equilíbrio. O impulso mais importante no avanço.	Viva! Viva! Existe amor e alegria em todos os dias.
• Problemas	Medo de avançar quando depende de decisões importantes. Não se interessa em avançar porque acha que nada o espera.	Estou em perfeito equilíbrio. Avanço na vida com facilidade e alegria em qualquer idade.
Queimaduras	Raiva. Queimando. Furioso.	Crio somente a paz e a harmonia dentro de mim e no meu ambiente. Mereço me sentir bem.
Quistos	Passando o mesmo velho e triste filme. Alimentando mágoas. Uma falsa evolução.	Os filmes de minha mente são belos porque eu os escolho fazer assim. Eu me amo.
Raiva	Cólera. Crença em que a violência é a resposta.	Sou cercado e habitado pela paz.
Raquitismo	Má nutrição emocional. Falta de amor e segurança.	Sou seguro e estou alimentado pelo amor do Universo.
Resfriados	Muita coisa acontecendo ao mesmo tempo. Confusão mental, desordem. Pequenas mágoas. Crença tipo "pego no mínimo três resfriados a cada inverno".	Deixo minha mente relaxar e ficar em paz. A clareza e a harmonia estão dentro e em torno de mim.
Respiração	Representa a capacidade de absorver a vida.	Eu amo a vida.
• Problemas	Medo ou recusa em absorver a vida plenamente. Acha que não tem o direito de ocupar espaço ou às vezes nem de existir.	É meu direito de nascença viver plena e livremente. Sou digno de amor. Agora escolho viver a vida em sua plenitude.
Retenção de líquidos	O que está com medo de perder?	Eu solto com alegria.

(*cont.*)

Doença ou Parte Afetada	Causa Provável	Novo Padrão de Pensamento
Reumatismo	Sentindo-se vítima. Falta de amor. Amargura crônica. Ressentimento.	Crio minhas próprias experiências. À medida que vou aprovando a mim e aos outros, minhas experiências se tornam melhores.
Rigidez muscular	Pensamento rígido, endurecido.	Estou seguro o bastante para ter flexibilidade em minha mente.
Rinite alérgica	Congestão emocional. Medo do calendário. Crença em perseguição. Culpa.	Eu sou uno com TUDO DA VIDA. Estou em segurança todo o tempo.
Rins		
• **Problemas**	Críticas, desapontamento, fracasso. Vergonha. Reagindo como uma criancinha.	A Divina Ação Certa está sempre acontecendo em minha vida. Só o bem vem de cada experiência. É seguro crescer.
• **Infecções urinárias**	"Enfezado". Geralmente com o sexo oposto ou amante. Acusando outras pessoas.	Liberto o padrão em minha consciência que criou esta condição. Estou disposto a mudar. Eu me amo e me aprovo.
• **Nefrite**	Reação exagerada ao fracasso e decepção.	Somente a Ação Certa está acontecendo em minha vida. Deixo ir o velho e dou boas-vindas ao novo.
Roncar	Recusa teimosa em soltar velhos padrões.	Liberto tudo o que é diferente do amor e da alegria em minha mente. Saio do passado e entro no novo, fresco e vital.
Rosto	Representa o que mostramos ao mundo.	É seguro ser eu mesmo. Expresso o que sou.

(*cont.*)

Doença ou Parte Afetada	Causa Provável	Novo Padrão de Pensamento
Rouquidão	Forte crença de que não pode falar sobre si mesmo e pedir o que precisa.	É meu direito de nascença ter todas as minhas necessidades atendidas. Agora peço o que quero com amor e facilidade.
Sangramentos	Alegria escapando. Raiva. Mas onde?	Sou a alegria da vida expressando e recebendo em perfeito ritmo.
Sangue	Representa a alegria fluindo livremente no corpo.	Sou a alegria da vida expressando e recebendo.
• Anemia	Atitude "sim, mas..." falta de alegria. Medo da vida. Sentindo-se não bom o bastante.	É seguro para mim experimentar alegria em todas as áreas de minha vida. Amo a vida.
• Anemia falciforme	Uma crença de que não se é bom o bastante que destrói a alegria da vida.	Esta criança vive e respira a alegria da vida e é alimentada pelo amor. Deus faz milagres diariamente.
• Coágulos	Fechando o fluxo da alegria.	Desperto nova vida dentro de mim. Eu fluo.
• Problemas	Falta de alegria. Falta de circulação de ideias.	Alegres ideias novas estão circulando livremente dentro de mim.
Sarna	Pensamento infectado. Deixando outros entrar sob a pele.	Sou a viva, amorosa, alegre expressão da vida. Sou minha própria pessoa.
Seios	Representam a alimentação e cuidados maternais.	Absorvo e dou nutrição em perfeito equilíbrio.
• Caroços, cistos, sensibilidade	Superproteção. Excesso na atuação maternal. Atitudes dominadoras. Cortando a nutrição.	Sou livre para ser eu mesma e dou aos outros a liberdade de serem como são. É seguro todos nós evoluirmos.

(*cont.*)

Doença ou Parte Afetada	Causa Provável	Novo Padrão de Pensamento
Senilidade	Voltando à chamada "segurança da infância". Exigindo cuidado e atenção. Uma forma de controlar os que estão à sua volta. Escapismo.	Proteção divina. Paz. A Inteligência do Universo atua em todos os níveis da vida.
Síndrome pré-menstrual	Deixando reinar a confusão. Dando poder a influências externas. Rejeição dos processos femininos.	Agora assumo a direção de minha mente e minha vida. Sou uma mulher poderosa e dinâmica. Todas as partes do meu corpo funcionam com perfeição. Eu me amo.
Sinusite	Irritação com alguém, uma pessoa bem próxima.	Declaro que a paz e a harmonia habitam em mim e me cercam todo o tempo. Tudo está bem.
Suprarrenais	Derrotismo. Não cuida mais de si. Ansiedade.	Eu me amo e me aprovo. É seguro eu cuidar de mim mesmo.
Tênia intestinal (solitária)	Forte crença de que é vítima e impuro. Impotente diante das aparentes atitudes dos outros.	Os outros só refletem os bons sentimentos que tenho por mim. Amo e aprovo tudo o que sou.
Testículos	Principio masculino, masculinidade.	É seguro ser homem.
Tétano	Necessidade de soltar pensamentos coléricos, infeccionados.	Deixo o amor do meu coração lavar, limpar e curar todo o meu organismo e emoções.
Timo	Glândula mestre do sistema imunitário. Sentindo-se atacado pela vida. "Eles" querem me pegar.	Meus pensamentos amorosos mantêm meu sistema imunitário forte. Estou protegido tanto por dentro como por fora. Eu me curo com o amor.

(*cont.*)

Doença ou Parte Afetada	Causa Provável	Novo Padrão de Pensamento
Tinha (micose)	Deixando os outros entrarem sob a pele. Não se sente bom ou limpo o bastante.	Eu me amo e me aprovo. Nenhuma pessoa, lugar ou coisa tem nenhum poder sobre mim. Sou livre.
Tireoide	Humilhação. Nunca consigo fazer o que quero. Quando será minha vez?	Avanço além das velhas limitações e agora dou-me permissão para me expressar livre e criativamente.
• **Hipertireoidismo**	Extremo desapontamento por não ser capaz de fazer o que quer. Sempre agradando aos outros e não a si mesmo.	Devolvo meu poder ao seu devido lugar. Tomo minhas próprias decisões. Eu me realizo.
Tontura	Fuga, pensamento difuso. Recusa em ver.	Estou profundamente centrado e tranquilo na vida. É seguro para mim estar vivo e alegre.
Tornozelo	Representam mobilidade e direção.	Avanço com facilidade na vida.
Torpor	Recusa dar amor e consideração. Morrendo mentalmente.	Compartilho meus sentimentos e meu amor. Reajo ao amor de todos.
Trismo	Raiva. Desejo de controlar. Recusa-se a expressar sentimentos.	Confio no processo da vida. Peço com facilidade o que quero. A vida me ampara.
Tumores	Alimentando velhas mágoas e abalos. Acumulado remorso.	Amorosamente eu deixo ir o passado e volto minha atenção a este novo dia. Tudo está bem.
Úlcera péptica	Medo. Crença de que não é bom o bastante. Ansioso por agradar.	Eu me amo e me aprovo. Estou em paz comigo mesmo. Sou maravilhoso.

(*cont.*)

Doença ou Parte Afetada	Causa Provável	Novo Padrão de Pensamento
Úlceras	Medo. Forte crença em que não é bom o bastante. O que o está comendo por dentro?	Eu me amo e me aprovo. Estou em paz. Estou calmo. Tudo está bem.
Unhas	Representam a proteção.	Abro-me ao exterior com segurança.
• Encravadas	Preocupação e culpa sobre o direito de avançar.	É meu divino direito tomar minha própria direção na vida. Estou seguro. Sou livre.
• Roer unhas	Frustração. Comendo a si mesmo. Despeito de um dos progenitores.	É seguro para mim crescer. Eu agora lido com minha vida com amor e facilidade.
Urticária	Pequenos temores ocultos. Fazendo tempestade em copo d'água.	Trago paz a cada canto de minha vida.
Varizes	Parado numa situação que odeia. Desencorajamento. Sentindo-se sobrecarregado e com excesso de trabalho.	Fico em pé sob a verdade e vivo e ando com a alegria. Amo a vida e circulo livremente.
Verrugas	Pequenas expressões de ódio. Crença em feiura.	Sou o amor e a beleza da vida em plena expressão.
Vícios	Fugindo de si. Medo. Não sabe como se amar.	Agora descubro o quanto sou maravilhoso. Escolho me amar e encontrar prazer em mim mesmo.

Na infinidade da vida onde estou.
tudo é perfeito, pleno e completo.
Aceito a saúde como o estado natural de meu ser.
Eu agora liberto conscientemente qualquer padrão
mental dentro de mim
que poderia expressar como doença de qualquer forma.
Eu me amo e me aprovo.
Amo e aprovo meu corpo.
Eu o alimento com comidas e bebidas nutritivas.
Eu o exercito de maneiras divertidas.
Reconheço meu corpo como uma maravilhosa e formidável
máquina e considero um privilégio viver dentro dele.
Adoro ter muita energia.
Tudo está bem em meu mundo.

Novos padrões de pensamento

ROSTO (Acne): Eu me amo e me aceito onde estou agora mesmo. Sou formidável.

SEIOS PARANASAIS: Sou uno com tudo o que há na vida. Ninguém tem o poder de me irritar a não ser que eu o permita. Paz, harmonia.

OLHOS: Sou livre. Olho à frente com liberdade porque a vida é eterna e plena de alegria. Vejo com olhos amorosos. Ninguém jamais consegue me magoar.

GARGANTA: Posso falar por mim mesmo. Expresso meu amor livremente. Sou criativo. Falo com amor.

PULMÕES: O sopro da vida flui facilmente através de mim. (Bronquite): Paz. Ninguém consegue me irritar. (Asma): Sou livre para cuidar de minha própria vida.

CORAÇÃO: Alegria, amor, paz. Aceito a vida alegremente.

FÍGADO: Deixo ir tudo o que não preciso mais. Minha consciência agora está limpa e minhas ideias são novas, frescas e vitais.

INTESTINO grosso: Sou livre. Liberto o passado. A vida flui através de mim com facilidade. (Hemorroidas): Solto todas as cargas e pressões. Vivo no alegre presente.

ÓRGÃOS genitais (Impotência): Poder. Deixo o pleno potencial do meu princípio sexual atuar com facilidade e alegria. Amorosa e alegremente aceito minha sexualidade. Não existe nem culpa nem castigo.

JOELHO: Perdão, tolerância, compaixão. Avanço sem hesitações.

PELE: Desperto atenção de formas positivas. Sou seguro. Ninguém ameaça minha individualidade. Estou em paz. O mundo é seguro e fraterno. Deixo ir toda a raiva e ressentimento. Tudo o que preciso está sempre aqui. Aceito o que é bom para mim sem culpa. Estou em paz com todas as pequenas coisas da vida.

COSTAS: A vida em si me ampara. Confio no Universo. Dou livremente amor e confiança. (Parte inferior): Confio no Universo. Sou corajoso e independente.

CÉREBRO: A vida toda é composta de mudanças. Meus modelos de evolução são sempre novos.

CABEÇA: Paz, amor, alegria, relaxamento. Relaxo-me no fluxo da vida e deixo-a fluir através de mim com facilidade.

OUVIDOS: Ouço a voz de Deus. Ouço as alegrias da vida. Sou parte da vida. Ouço com amor.

BOCA: Sou uma pessoa decidida. Vou em frente. Dou boas-vindas a novas ideias e conceitos.

PESCOÇO: Sou flexível. Recebo com alegria outros pontos de vista.

OMBROS (Bursite): Liberto a raiva usando meios inofensivos. O amor liberta e relaxa. A vida é alegre e livre. Tudo o que aceito é bom.

MÃOS: Lido com as ideias com amor e facilidade.

DEDOS: Eu me relaxo sabendo que a sabedoria da vida cuida de todos os pormenores.

ESTÔMAGO: Assimilo novas ideias com facilidade. A vida concorda comigo. Nada consegue me irritar.

RINS: Procuro somente o bem em todos os lugares. A Ação Certa está acontecendo. Estou realizado.

BEXIGA: Liberto o velho e dou boas-vindas ao novo.

PÉLVIS (Vaginite): Formas e canais podem mudar, mas o amor nunca se perde. (Menstrual): Sou equilibrada em todas as mudanças de ciclos. Abençoo meu corpo com amor. Todas as partes de meu corpo são belas.

QUADRIL: Avanço alegremente sustentado e amparado pelo poder da vida. Vou para o meu mais alto bem. Sou seguro. (Artrite): Amor. Perdão. Deixo os outros serem como são e sou livre.

GLÂNDULAS: Estou em total equilíbrio. Meu organismo está em ordem. Amo a vida e ela circula livremente.

PÉS: Fico em pé sob a verdade. Avanço com alegria. Tenho compreensão espiritual.

Novos padrões de pensamento (afirmações positivas)
podem curar e relaxar seu corpo.

Parte 4

16

MINHA HISTÓRIA

Somos todos um.

"Conte-me alguma coisa sobre sua infância, sem se estender muito." Já pedi isso a muitos clientes meus. Não preciso ouvir todos os detalhes, mas quero ter um panorama geral de suas origens. Se têm problemas agora, os padrões que os criaram foram formados muito tempo atrás.

Quando eu era uma menininha de 18 meses, meus pais se divorciaram. Não tenho lembranças disso. O que me lembro com horror é de minha mãe ter ido trabalhar como empregada doméstica, sendo obrigada a pernoitar no serviço e me deixar com outra família. Segundo contam, chorei por três semanas seguidas. As pessoas que cuidavam de mim não conseguiram suportar e minha mãe se viu forçada a me pegar de volta e fazer outros arranjos. Hoje em dia admiro o modo como ela conseguiu ser pai e mãe para mim. Na época, porém, tudo o que eu sabia e que tinha importância era que eu não estava recebendo a mesma atenção carinhosa que tinha antes.

Nunca fui capaz de determinar se minha mãe amava meu padrasto ou se só se casou com ele para arrumar um lar para nós duas. Todavia, não foi uma boa decisão. Esse homem fora criado na Europa, num sombrio lar alemão onde reinava a brutalidade, e não teve a oportunidade de aprender outro modo de lidar com uma família. Minha mãe ficou grávida de minha irmã, e então, nos anos 1930, a Grande Depressão caiu sobre nós e nós três nos encontramos presas num lar cheio de violência. Eu tinha 5 anos.

Para piorar o quadro, foi mais ou menos nessa época que um vizinho, um velho bêbado, como me recordo, me estuprou. O exame médico ainda está vívido em minha mente, como está também o julgamento. O homem foi condenado a 15 anos de prisão. Ouvi repetirem com tanta frequência "A culpa foi sua" que passei muitos anos temendo que quando o velho bêbado fosse libertado ele iria voltar e me pegar por eu ter sido tão má a ponto de colocá-lo na cadeia.

A maior parte de minha infância foi passada suportando tanto abusos físicos como sexuais, entremeados de muito trabalho pesado. Minha autoimagem ia ficando cada vez pior e poucas coisas pareciam dar certo para mim. Passei a expressar esse padrão no mundo exterior.

Ocorreu um incidente quando eu estava no quarto ano que mostra bem como era minha vida na época. Houve uma festa na escola, com muitos bolos para as crianças. A maioria dos meus colegas era de famílias de classe média. Eu me vestia mal, meus cabelos pareciam cortados com uma tigela. Estava sempre com os mesmos sapatos fechados e tinha um cheiro forte por causa do alho cru que era obrigada a comer todos os dias "para espantar os vermes". Nunca comíamos bolo em casa, pois não podíamos nos dar a esse luxo. Uma vizinha idosa me dava 10 centavos por semana e 1 dólar no Natal e no meu aniversário. Os 10 centavos iam para o orçamento familiar e o restante era usado para comprar minhas roupas de baixo para o ano inteiro em lojas baratas.

Bem, naquele dia acontecia a festa na escola, e havia tanto bolo que, enquanto estavam cortando e servindo, algumas das crianças que podiam comer bolo todos os dias estavam ganhando dois, até três pedaços. Quando finalmente chegou a minha vez (e claro, eu era a última da fila), não havia mais bolo. Nem ao menos uma fatia.

Entendo claramente agora que foi minha "crença já confirmada" de que eu era indigna e não *merecia* nada que me colocou no final da fila sem nenhum pedacinho de bolo. Foi o *meu* padrão. *Eles* estavam apenas refletindo minhas crenças.

Com 15 anos, resolvi que não podia mais aguentar abusos sexuais e fugi de casa e da escola. O emprego que arranjei como garçonete me pareceu muito mais fácil do que o trabalho pesado que tinha de fazer em casa.

Estando faminta de amor e afeto, e tendo a menor possível das autoestimas, de bom grado eu dava meu corpo a qualquer homem que fosse gentil comigo e, logo depois de completar 16 anos, dei à luz uma menina. Sabia que seria impossível ficar com ela e lhe arranjei um lar bom e amoroso. Encontrei um casal sem filhos, ansioso por adotar um bebê. Fiquei morando na casa deles nos últimos quatro meses de gestação e, quando fui para o hospital, tive a menina já em nome deles.

Assim, nunca experimentei as alegrias da maternidade, só a perda, a culpa e a vergonha. Na época, tudo aquilo era só um período vergonhoso que deveria ser esquecido o mais rápido possível. De minha filha, só me recordo dos artelhos muito grandes, incomuns como os meus. Se um dia nos encontrarmos, saberei quem ela é por causa deles.

Saí daquela casa quando minha filhinha estava com cinco dias de vida e voltei para procurar minha mãe, que continuava uma vítima. "Venha", eu lhe disse, "você não precisa mais suportar isto. Vou tirá-la daqui." Ela me acompanhou, deixando para trás minha irmãzinha de 10 anos, que sempre fora a queridinha do pai.

Depois de ajudar minha mãe a conseguir emprego de faxineira num pequeno hotel e acomodá-la num apartamento onde podia viver livre e com algum conforto, considerei terminadas minhas obrigações. Parti para Chicago com uma amiga para passar um mês naquela cidade – e só voltei depois de trinta anos.

Naquela época, a violência que experimentei quando criança, combinada com o sentimento de não ter nenhum valor, que desenvolvi ao longo dos anos, atraíam para minha vida homens que me maltratavam e frequentemente me agrediam. Eu poderia ter passado o resto de minha vida menosprezando os homens e provavelmente ainda estaria tendo as mesmas experiências. No entanto, pouco a pouco, por causa do sucesso no meu trabalho, minha autoestima começou a crescer e esse tipo de companheiro deixou de encontrar em mim o padrão de acreditar inconscientemente que eu merecia ser maltratada e foi saindo de minha vida. Não desculpo o seu comportamento, mas sei que se não fosse por causa do "meu modelo" eles nunca teriam sido atraídos para mim. Atualmente, um homem que maltrata mulheres nem sabe que eu existo. Nossos padrões não se atraem mais.

Depois de alguns anos em Chicago, fui para Nova York e tive a sorte de me tornar modelo de alta-costura. Todavia, nem mesmo o fato de estar trabalhando com grandes criadores fez muito para ajudar minha autoestima, pois só encontrei nisso mais meios de achar defeitos em mim mesma. Eu me recusava a reconhecer minha própria beleza.

Fiquei na indústria de moda por muitos anos. Casei-me com um maravilhoso e culto cavalheiro inglês e juntos viajamos pelo mundo, conhecemos a realeza e até tivemos a oportunidade de jantar na Casa Branca. Apesar de ser uma modelo de sucesso e de ter um homem formidável, minha autoestima ainda era pouca e continuou assim por muito tempo, até eu começar o meu trabalho interior.

Um dia, depois de 14 anos de casamento, quando eu estava começando a acreditar que coisas boas podem durar, meu marido anunciou seu desejo de viver com outra mulher. Sim, fiquei arrasada. Todavia, o tempo passa e eu continuei vivendo. A certa altura, pude sentir que estava havendo uma mudança em minha vida e, numa primavera, um numerologista confirmou essa sensação dizendo-me que no outono surgiria um pequeno evento que modificaria toda a minha existência.

De fato, ele foi tão pequeno que só fui percebê-lo vários meses depois. Por um verdadeiro acaso, fui a uma reunião da Igreja da Ciência Religiosa em Nova York. Ao ouvir a mensagem, algo dentro de mim falou: "Preste atenção." Obedeci a esse chamado e não só passei a frequentar os cultos dominicais como também as aulas semanais. O mundo da moda e da beleza estava perdendo seu interesse para mim. Por mais quantos anos eu poderia me manter preocupada com a medida de minha cintura ou o formato das sobrancelhas? Eu, que largara a escola no início do ensino médio e nunca me interessara pelos estudos, tornei-me uma aluna aplicada, devorando tudo o que caía em minhas mãos relacionado com a metafísica e cura alternativa.

A Igreja da Ciência Religiosa tornou-se um novo lar para mim. Apesar de a maior parte de minha vida continuar a mesma, os estudos começaram a consumir mais e mais do meu tempo. Quase sem perceber, depois de três anos, vi-me capacitada para me candidatar a ser um dos praticantes licenciados da igreja. Passei nos exames e assim comecei a trabalhar como conselheira.

Foi um pequeno começo. Nessa mesma época, aprendi a Meditação Transcendental. Como minha igreja não ia dar o curso de formação de ministros tão cedo, resolvi aproveitar o tempo para fazer algo de especial por mim mesma e entrei na Universidade Internacional Maharishi, em Fairfield, no Estado de Iowa, para um curso de seis meses.

Foi o lugar certo para mim na época. A cada segunda-feira começávamos um novo tema, coisas das quais eu só ouvira falar, como biologia, química e até mesmo a teoria da relatividade. Nos sábados éramos submetidos a um teste e tínhamos o domingo livre.

Na universidade não havia nenhuma das distrações tão típicas de minha vida em Nova York. Terminado o jantar, todos voltávamos para os quartos e ficávamos estudando. Eu era a aluna mais velha do *campus,* mas adorei cada momento que passei nele. Cigarro, bebidas e drogas eram proibidos e meditávamos quatro vezes ao dia. Quando saí de lá, pensei que fosse desmaiar com a fumaça de cigarros no aeroporto.

Voltando a Nova York, recomecei minha vida. Logo eu estava fazendo o curso de treinamento de ministros de minha igreja e me tornei muito ativa no seu trabalho e nas suas atividades sociais. Em pouco tempo estava falando nas reuniões do meio-dia e recebendo clientes, o que rapidamente se tornou uma nova carreira em tempo integral. Por causa do trabalho que fazia, tive a inspiração de escrever meu pequeno livro *Cure seu corpo*, que de início era apenas uma lista de causas metafísicas para doenças físicas. Depois de sua publicação, passei a viajar para dar palestras e pequenos cursos.

Então, um dia, recebi o diagnóstico médico de que estava com câncer.

Claro, com meu passado de criança maltratada, com um estupro aos 5 anos na lista, não foi de admirar uma manifestação de câncer na área vaginal.

Como qualquer outra pessoa que descobre que está com câncer, entrei num pânico completo. No entanto, por causa do meu trabalho com os clientes, eu sabia que a cura mental funcionava e vi nisso a oportunidade de comprová-la em mim mesma. Afinal, eu escrevera o livro sobre padrões mentais e sabia que o câncer é uma doença causada por um profundo ressentimento que é abrigado por um longo tempo até ele começar a agredir o corpo. Eu, até então, me recusara a estar disposta a dissolver toda a raiva e ressentimento que tinha "deles" por causa de minha infância sofrida. Percebi que não podia mais perder tempo, que tinha muito trabalho a fazer.

A palavra *incurável,* que é tão assustadora para muitos, significa para mim que essa condição em particular não pode ser curada por meios externos e que precisamos ir para o interior e encontrar a cura. Se eu me submetesse a uma operação sem eliminar os padrões mentais que haviam dado origem à doença, o câncer voltaria. Não gostei da ideia.

Se eu fosse operada para retirar o tecido canceroso e ao mesmo tempo desprendesse o padrão mental que estava causando o câncer, ele não voltaria mais. Quando esse mal ou qualquer outra doença volta, creio que não é porque "eles não tiraram tudo", mas porque o paciente não fez mudanças mentais. Assim, ele só recria a mesma enfermidade, talvez numa parte diferente do corpo.

Eu também acreditava que, se conseguisse me livrar do padrão mental que criara o câncer, nem mesmo precisaria da operação. Assim, barganhei com os médicos para conseguir algum tempo e eles, de má vontade, me deram três meses de prazo. Meu argumento foi o de que eu não tinha dinheiro para a cirurgia.

Imediatamente assumi a responsabilidade pela minha própria cura. Li e investiguei tudo o que pude encontrar sobre métodos alternativos que poderiam me ajudar no processo.

Fui a várias lojas de produtos naturais e comprei todos os livros que tinham sobre o câncer. Procurei a biblioteca pública e li mais ainda. Informei-me sobre a reflexologia nas solas dos pés e a terapia do cólon e achei que ambas seriam benéficas para mim. Eu parecia estar sendo levada para as pessoas certas. Depois de ler sobre a reflexologia, interessei-me em encontrar um terapeuta. Nessa ocasião, fui a uma palestra e, apesar de sempre procurar me sentar nas primeiras filas, naquela noite senti-me compelida a ficar no fundo da plateia. Pouco depois um homem veio sentar-se ao meu lado e – adivinhe só. Ele era um reflexologista que atendia na casa dos clientes. Fui tratada três vezes por semana durante dois meses e recebi uma grande ajuda.

Eu sabia também que precisava me amar muito mais. Muito pouco amor fora demonstrado em minha infância e ninguém jamais me ensinara a me sentir bem comigo mesma. Eu adotara as atitudes dos meus familiares, que estavam sempre implicando comigo e me criticando, e elas haviam se tornado uma segunda natureza para mim.

Através do meu trabalho na igreja eu me conscientizara de que era certo e até essencial eu me amar e me aprovar. No entanto, ficava adiando – exatamente como acontece com aquela dieta que sempre dizemos que vamos começar amanhã. Porém, não dava mais para eu procrastinar. De início foi muito difícil ficar diante do espelho e dizer coisas como: "Louise, eu amo você. Amo de verdade." Todavia, persistindo, descobri que eu não estava mais me diminuindo em certas situações como fazia no passado, o que me mostrou que eu estava progredindo com o exercício do espelho e outros.

O mais importante era eu me livrar dos padrões de ressentimento que abrigava desde a infância. Era imperativo para mim desprender do meu interior todas as acusações.

Sim, eu tivera uma infância difícil, cheia de maus-tratos – sexuais, físicos e mentais. No entanto, isso acontecera havia muito tempo e não podia ser desculpa para o modo como eu estava me tratando. Afinal, meu corpo estava se agredindo com um crescimento canceroso porque eu não havia perdoado.

Chegara a hora de ir além dos incidentes em si e começar a *compreender* que tipo de experiências poderiam ter criado pessoas capazes de tratar uma criança daquela maneira.

Com a ajuda de um bom terapeuta, expressei toda a velha e represada raiva socando almofadas e gritando de ódio, o que me fez sentir muito mais limpa. Em seguida, comecei a juntar os pedacinhos de histórias que meus pais haviam me contado sobre suas infâncias e consegui ver um quadro maior de suas vidas. Com minha compreensão cada vez mais crescente e analisando-os de um ponto de vista adulto, comecei a sentir compaixão pelo sofrimento dos dois e a culpa que eu atirava neles foi se dissolvendo vagarosamente.

Junto com tudo isso, procurei um bom nutricionista para me auxiliar na limpeza e desintoxicação de meu corpo, prejudicado por todas as comidas inadequadas que eu ingerira ao longo dos anos. Aprendi que elas se acumulam e criam um corpo cheio de toxinas, tal como os pensamentos inadequados se acumulam e criam uma mente intoxicada. Foi-me recomendada uma dieta muito rígida, constituída quase que só de hortaliças. No primeiro mês, fiz lavagens intestinais três vezes por semana.

Não fui operada. Como resultado dessa completa limpeza física e mental, seis meses depois de ter ouvido o diagnóstico consegui que os médicos concordassem com o que eu já sabia – eu não tinha mais nem sinal de câncer! A essa altura, eu sabia por experiência própria que *a doença pode ser curada se estamos dispostos a mudar o modo como pensamos, acreditamos e agimos*!

Às vezes o que parece ser uma grande tragédia se transforma no melhor de nossas vidas. Aprendi isso por experiência própria e passei a valorizar a vida de uma nova maneira. Comecei a procurar o que era realmente importante para mim e acabei tomando a decisão de deixar a cidade sem árvores de Nova York e seu clima marcado pelos extremos. Alguns de meus clientes afirmaram que "morreriam" se eu os abandonasse, mas garanti-lhes que voltaria duas vezes por ano para me certificar do seu progresso e lembrei-lhes que o telefone encurta distâncias. Assim, fechei meu consultório e fiz uma longa e tranquila viagem de trem até a Califórnia, pois decidira recomeçar tudo de novo em Los Angeles.

Embora eu tivesse nascido em Los Angeles muitos anos antes, não conhecia quase ninguém na cidade exceto minha mãe e minha irmã, que agora moravam na periferia, a cerca de uma hora do centro. Nunca havíamos sido uma família unida, mas mesmo assim tive uma surpresa muito desagradável ao saber que minha mãe estava cega havia alguns anos e ninguém se dera o trabalho de me avisar. Minha irmã estava "ocupada demais" para me receber, de modo que não me preocupei em vê-la e comecei a cuidar de minha própria vida.

Meu livro *Cure seu corpo* me abriu muitas portas. Passei a frequentar todo tipo de reunião New Age que podia encontrar. Eu me apresentava e, quando sentia que era adequado, presenteava as pessoas com uma cópia do meu livro. Nos primeiros meses fui bastante à praia, sabendo que quando ficasse mais ocupada haveria pouco tempo para lazer. Pouco a pouco os clientes foram aparecendo. Recebi convites para falar aqui e ali, e tudo foi se ajeitando enquanto Los Angeles me dava boas-vindas. Cerca de dois anos depois, pude me mudar para uma linda casa.

Meu novo estilo de vida em Los Angeles não tinha nada de parecido com o que eu levara na minha infância. De fato, tudo corria perfeitamente. Como nossas vidas podem mudar por completo em relativamente pouco tempo!

Uma noite recebi um telefonema de minha irmã, o primeiro em dois anos. Ela me contou que nossa mãe, agora com 90 anos, cega e quase surda, caíra e fraturara a coluna. Num instante, minha mãe, que era uma mulher forte e independente apesar da idade, transformara-se numa criança indefesa, passando por grande sofrimento.

O acidente, como tudo na vida, teve seu lado bom, pois serviu para romper a parede de segredos que havia em torno de minha irmã. Finalmente estávamos todas começando a nos comunicar. Descobri que minha irmã também sofria de um grave problema de coluna que a impedia de sentar e andar direito e lhe causava muitas dores. Ela sofria em silêncio e, apesar de estar abatidíssima, seu marido não tinha conhecimento de sua doença.

Depois de passar um mês internada num hospital, minha mãe recebeu alta. Como de maneira alguma poderia cuidar de si mesma, veio morar comigo.

Apesar de confiar no processo da vida, eu não sabia como iria lidar com a situação, de modo que me liguei com Deus e disse: "Certo, vou cuidar dela, mas você tem de me ajudar e precisa me arrumar o dinheiro necessário!"

O período de ajustamento foi difícil para nós duas. Minha mãe chegou num sábado. Na sexta-feira seguinte eu teria de ir a São Francisco, onde ficaria quatro dias. Eu não podia deixá-la sozinha, nem desistir do compromisso. Mais uma vez me voltei para Deus e falei: "Deus, você vai ter de cuidar disto. Preciso encontrar a pessoa certa para nos ajudar antes de viajar."

Na quinta-feira seguinte, a pessoa perfeita havia "aparecido" e já estava instalada, com a incumbência de organizar a casa para mim e minha mãe. Foi outra confirmação de uma de minhas crenças básicas: "O que preciso saber me é revelado e tudo de que necessito vem a mim na divina ordem correta."

Percebi que era hora de aula para mim de novo. Surgira a oportunidade de limpar muito daquele lixo de minha infância.

Minha mãe não fora capaz de me proteger quando eu era criança, mas agora eu podia e ia cuidar dela. Começou toda uma nova aventura para mim, envolvendo minha mãe e minha irmã.

Dar à minha irmã o auxílio que ela pedia era outro desafio. Fiquei sabendo que quando eu salvara minha mãe, tantos anos atrás, meu padrasto descontara toda a sua fúria e sofrimento em minha irmã, e chegara a vez dela de ser brutalizada.

Percebi que o que começara nela como um problema físico fora enormemente exagerado pelo medo e tensão, junto com a crença de que não havia ninguém para ajudá-la. E então Louise entrou em cena, não querendo ser uma salvadora, mas mesmo assim desejando dar à irmã a oportunidade de escolher o bem-estar àquela altura de sua vida.

Pouco a pouco todos os acontecimentos do passado foram se revelando e o progresso ainda continua. Vamos progredindo passo a passo e me esforço para proporcionar uma atmosfera de segurança enquanto exploramos as várias vias alternativas de cura.

Minha mãe, por sua vez, reage muito bem. Ela se exercita o melhor possível quatro vezes ao dia e seu corpo está ficando mais forte e flexível. Comprei-lhe um aparelho auditivo e ela tornou-se mais interessada pela vida. Apesar de sua crença nos princípios da Ciência Cristã, persuadi-a a submeter-se a uma operação para a retirada da catarata de um olho. Foi uma enorme alegria para ela poder ver de novo e nós também ficamos alegres por poder ver o mundo através dos olhos dela. Sua grande satisfação foi conseguir ler de novo.

Minha mãe e eu começamos a encontrar tempo para conversar como nunca antes e uma nova compreensão surgiu entre nós. Atualmente, estamos ambas mais livres porque choramos e rimos juntas. Devo dizer que às vezes ela me irrita, o que serve para me dizer que tenho outras coisas para libertar do meu interior.

Meu trabalho continua num ritmo sempre crescente. O número de funcionários que trabalham comigo aumentou sob a direção do meu gerente de pessoal, Charlie Gehrke. Agora temos um Centro com cursos e um programa para internos.

É assim que estava minha vida no outono de 1984.

Na infinidade da vida onde estou, tudo é perfeito, pleno e completo. Cada um de nós, eu inclusive, experimenta a riqueza e plenitude da vida de maneiras para nós significativas. Agora olho para o passado com amor e escolho aprender com as velhas experiências. Não existe nem o certo nem o errado, nem o bem nem o mal. O passado está terminado. Existe apenas a experiência do momento. Eu me amo por ter me trazido por entre esse passado até o presente. Compartilho o que e quem sou, pois sei que somos um só em espírito. Tudo está bem em meu mundo.

Recomendações para a Cura Holística

CORPO

Nutrição

Dietas, combinação de alimentos, macrobiótica, ervas naturais, vitaminas, Florais de Bach, Homeopatia.

Exercícios

Ioga, trampolim, andar, dançar, andar de bicicleta, tai chi, artes marciais, natação, outros esportes.

Terapias alternativas

Acupuntura, acupressura, terapia do cólon, reflexologia, radiônica, cromoterapia, massagens e terapias corporais Alexander, bioenergética, Toque de Saúde, Feldenkrais, terapia de tecidos profundos, Rolfing, polaridade, Trager, Reiki.

Técnicas de relaxamento

Dessensibilização orgânica, respiração profunda, biofeedback, sauna, banhos (imersão), prancha inclinada, música.

Livros

Eu amo meu corpo – Louise Hay
Food Is Your Best Medicine – Henry G. Bieler
Getting Well Again – O. Carl Simonton
Herbally Yours – Penny C. Royal
How to Get Well – Paavo Airola

MENTE

Afirmações, imagens mentais, visualização orientada, meditação, amar a si próprio.

Técnicas psicológicas

Gestalt, hipnose, focalização, Análise Transacional, renascimento, trabalho com sonhos, psicodrama, terapia de vidas passadas, Jung, psicoterapias humanísticas, astrologia, terapia da arte, Programação Neuro-Linguística (NLP).

Livros

A Conscious Person's Guide to Relationships KenKeyes
Celebration of Breath – Sondra Ray
Cure seu corpo – Louise Hay
Focusing – Eugene T. Gendlin
Love Is Letting Go of Fear – Gerald G. Jampolsky
Loving Relationships – Sondra Ray
Moneylove – Jerry Gillies
Superbeins – Randolph Price
Teach Only Love – Gerald G. Jampolsky
The Power of Affirmations – Jerry Fankhauser
Visualização criativa – Shakti Gawain
Visualization: Directing the Movies of Your Mind – Adelaide Bry

ESPÍRITO

Orações

Pedir o que deseja, perdão, receber (permitir que a presença de Deus entre), aceitar, se entregar.

Grupos espiritualistas

Sociedade de Autorrealização, M.S.I.A., Meditação Transcendental, Siddah Foundation, Fundação Rajneesh, Self Realization, Religious Science, Unidade.

Livros

Autobiografia de um iogue – Paramahansa Yogananda
Qualquer obra de Emmett Fox
The Manifestation Process – John Randolph Price
The Nature of Personal Reality – Jane Roberts
The Science of Mind – Ernest Holmes
Um curso em milagres – Foundation for Inner Peace

Este livro foi composto na tipografia Warnock
Pro Light,em corpo 11/16, e impresso em
papel offwhite na Cromosete